POLÍTICOS Y PERIODISTAS:

EL ENEMIGO PÚBLICO

Reflexiones

Rodolfo Pascolo

2

Esto es una compilación de ensayos y artículos de opinión: cualquier semejanza con la realidad no es coincidencia.

En cambio las irreverencias no fueron a propósito: son producto de la indignación.

Diseño de portada: el autor, mediante Creador de portadas de Kindle y Create Space.

6

ÍNDICE

PRÓLOGO   9

PARTE UNO: EL PLANTEO   13

YA FALTA MENOS   15

ACOTAR EL PODER   17

LA POLÍTICA COMO ENEMIGA DE LA DEMOCRACIA   21

EL PODER   22

EL PODER DEL DINERO   29

LA MONARQUÍA RESIDUAL   33

EL PODER IDEOLÓGICO   38

LO QUE NO QUEREMOS VER   41

LOS MENOS   43

PAN Y CIRCO   44

RESCATAR AL INDIVIDUO   45

QUE SE VAYAN TODOS   51

PARTE DOS: LA POLÍTICA   53

LA PSEUDODEMOCRACIA   55

SIGA EL CARNAVAL   60

LAS INVERSIONES QUE NO LLEGAN   62

NO TENEMOS PATRIA   66

TERROR DE ESTADO Y MAL ABSOLUTO   68

SABER   73

MALVERSACIÓN I   75

MALVERSACIÓN II   76

EL ESTADO INVERTIDO   77

POR QUÉ SOMOS SUBDESARROLLADOS   79

EL LASTRE COLONIAL   83

MALDITA REPRESENTACIÓN   86

LA BURODEMOCRACIA   88

OCLOCRACIA   93

LA IZQUIERDA FÁCIL   94

LA IZQUIERDA SANMARTINIANA   96

MINORÍAS   98

PARTE TRES: LOS MASSMEDIA   99

EL PODER COMUNICACIONAL   101

PENSAR ES RIDÍCULO   106

LA ESTUPIDEZ 'MIDÁTICA'   107

EL CUARTO PODER   108

GAME OF THRONES   114

EL ÚNICO MUNDO POSIBLE   116

LO MEJOR DE LA VIDA   118

LA MEJOR GENTE   120

LA MATRIX   121

PROBLEMA EXISTENCIAL   122

CONTROL ABSOLUTO   124

LOS MEDIOS DE DOMINACIÓN   125

EL GRAN MAGO   127

PARTE CUATRO: LA GENTE   129

DIGNIDAD   131

LA MASA ESTÚPIDA   132

FORMAL E INFORMAL   134

LA ESENCIA DE LA DEMOCRACIA   136

CERDOS EN LA POLÍTICA   137

NIVELAR HACIA ABAJO   139

EL CANTO DE SIRENA TOTALITARIO   141

PARTE CINCO: PROPUESTAS   146

LA CONCENTRACIÓN DEL PODER POLÍTICO   149

DEMOCRACIA MENTIDA   152

LA ÚNICA LIBERTAD POSIBLE   154

EL FEDERALISMO UNITARIO   155

EMPEZAR A DESCENTRALIZAR   158

NO SER CÓMPLICE   160

EL FINAL DE LOS PARTIDOS POLÍTICOS   162

REPÚBLICA ANTICUADA   164

LA CARRERA POLÍTICA   166

EL COMISARIO ELECTIVO   173

DEMOCRACIA FUERTE   175

LOS ALCALDES DEBERÍAN DIRIGIR EL MUNDO   176

UN EJEMPLO VÁLIDO   181

PRÓLOGO

Cada vez es mayor el rechazo que en casi todo el mundo experimentamos hacia los políticos, ya definitivamente extraviados de su objetivo originario de agentes de la república y servidores del pueblo. Ya se cierne por todas partes un clamor por el cambio en los conceptos que rigen la política, sobre todo en la manera de encarar la representación. Ya ese rechazo, en muchos sitios y en mucha gente, se está convirtiendo en odio.

Esto se está diciendo, pero no suficientemente. Esto hay que decirlo mucho más y mucho más fuerte. Y hay que hilvanar propuestas de cambio, o al menos intentar el esbozo de alternativas para derribar esta perversidad mafiosa y recuperar la república. Y además, empezar a lograr la democracia representativa, algo que aún no existió realmente en la Historia.

Los políticos y su política nos llegan por una única vía: los medios masivos de comunicación, más precisamente, los periodistas. Todos ellos de alguna manera y en mayor o menor grado comprometidos o comprados, nos maquillan y venden la política como está en lugar de vigilarla e informarnos de sus males. Son parte de la corporación y el primer factor de sostén del presente statu-quo. Y esto tampoco está suficientemente dicho, precisamente porque son ellos mismos quienes acaparan todos los canales efectivos por los que podría decirse.

Lo único que nos permite enterarnos de las cosas que nos enteramos, es la división del poder que logró el sistema republicano: hay al menos dos partidos y hay una competencia por el poder, competencia que obliga al periodismo a estar con uno o estar con el otro, y por ende, a difundir algo negativo del adversario; pero sólo algo. De no haber sido así, sabríamos prácticamente nada, porque ellos no están preocupados por atenerse a su misión de informarnos de modo objetivo e imparcial.

Para conocer más, investigar, imaginar, deducir y divulgar desde el lado del pueblo, sólo quedan los escritores independientes como opción, a través de la autonomía de sus blogs, páginas y libros. Y en todos los pueblos existe un público ávido de leer cosas en este sentido.

Aquí va entonces una compilación de escritos de los últimos años –mechados con algunas citas que me parecieron de interés- que tuve publicados en blogs y redes sociales. Muchos de ellos han pasado por retoques para hacerlos internacionales, puesto que en su mayoría habían sido redactados pensando en la circunstancia argentina, que no obstante no difiere demasiado de lo que sucede en general. Y además no viene mal que se muestre la versión tercermundista del asunto, siendo acá un poco más grave y por consecuente, más gráfica.

El problema ya no reconoce localismos: es el sistema republicano, adoptado en casi todo el orbe, el que está fallando y requiere de una urgente actualización. Para ello, hace falta que la gente, mucha gente, la mayor cantidad posible de gente, ponga a trabajar sus cabezas. Algunos pensando, otros analizando lo pensado, otros quizás adhiriendo a ideas. Pero hay que movilizarse porque aquí hay un enemigo, un peligroso enemigo público, el peor de todos: nuestro enemigo son nada más y nada menos que quienes tienen que cuidarnos, en quienes estamos acostumbrados a confiar y contra quienes no hemos desarrollado recursos defensivos.

Y la solución parece ser dividirlos aún más. La actual división en dos o tres partidos no alcanza porque rápidamente asocian sus propios intereses formando una sola corporación en contra de los intereses del pueblo, al cual esquilman. La táctica que emplean es dar un poco para poder quitar mucho.

Desconcentrar el poder político es concentrar el poder del pueblo; descentralizar el gobierno es democratizar. La posibilidad de unión del poder siempre significó la división del pueblo; *hay que imposibilitar que se unan.*

11

Porque *la división del poder es la unión del pueblo*, y si el pueblo no está unido, no puede gobernar como manda la democracia.

PARTE UNO: EL PLANTEO

YA FALTA MENOS

¿Puede la democracia liberal un día colapsar? pregunta el escritor y periodista James Neilson en el titulo de su nota de opinión del Buenos Aires Herald, y pone en el primer párrafo:

"La Unión Soviética se desmoronó porque la gente que la conducía finalmente se dio cuenta de que el comunismo pudo no estar hecho para ser eficaz y que el 'socialismo científico' fue sólo otra ilusión. ¿Podría la democracia liberal sufrir un destino similar? Puede haber pocas dudas de que, como Winston Churchill un día señaló, es en general una mejor forma de gobierno 'que todas esas otras que han sido intentadas de tanto en tanto'; pero para muchos, ser el mal menor no es suficientemente bueno. Lo que esos muchos ansían es algo fuerte, más eficiente y, siendo que está ampliamente asumido que los políticos están demasiado interesados en arrimar agua a su molino, algo mucho más honesto."[1]

Yo diría que sí puede, y diría más: que ya está colapsando. Y que democracia no es el término para definir este conglomerado de pluto-cleptocracias (gobierno de ricos y ladrones) oligárquicas y oligopólicas que rige

---

[1] Neilson, James. Something is missing (artículo, 2016). [en línea] http://www.buenosairesherald.com/article/216008/something-is-missing

el mundo global. En la historia política *la demo- cracia en la sociedad de masas todavía está por descubrirse y la ingeniería gubernamental para implemen- tarla todavía está por inventarse.*

Pero ahora lo importante es que termine la caída de esto que a todas luces, ya empezó a desplomarse por todo el mundo.

ACOTAR EL PODER

"Lo que está en discusión en la transformación revolucionaria del mundo no es de quién es el poder sino la existencia misma del poder. Lo que está en discusión no es quién ejerce el poder sino cómo crear un mundo basado en el mutuo reconocimiento de la dignidad humana, en la construcción de relaciones sociales que no sean relaciones de poder."

John Holloway

Holloway es marxista, yo no. Si bien el capitalismo contiene una cantidad sideral de problemas, no se conoce hasta hoy otra manera de organizar la sociedad que sea mejor –o menos mala- que ésta. Todas las demás que existen o se han ensayado han quizás resultado muy lindas en la abstracción de las ideas, pero en la concreción de la práctica han indefectiblemente atacado la libertad individual. Y las que no se han ensayado, todavía están en estado de idea, un estado larvario y poco confiable, puesto que las ideas no gobiernan: apenas fundamentan una praxis de gobierno, y ahí viene luego el problema.

Esto hablando de ideas muy atípicas, muy innovadoras, acaso muy fantásticas. Pero hablando de las ideas cuyas praxis consecuentes ya conocemos, que ya vimos operando, no podemos negar que el mundo, al menos el occidental, ha andado por buen camino: el capitalismo es un sistema que permite un buen grado de libertad y que antepone, por lo menos en teoría, en intención, y dentro de una cierta lógica, los intereses del individuo por sobre los de la sociedad.

Y acá estamos tratando de defender y fortalecer al individuo, al sujeto humano. Por eso nos interesa la democracia, que sigue siendo una idea aún no realmente ensayada en la actual sociedad de masas, pero es una que ha demostrado sus cosas y que estando de alguna forma presente, puja por imponerse. Hay que comprender sin embargo la enorme dificultad interpuesta: no es lo mismo gobernar democráticamente una aldea que hacerlo con una sociedad de masas y sin mantener al individuo sumergido en la masa.

De cualquier modo, no hay posibilidad de disociar un capitalismo bien entendido de la democracia, porque en ambos casos nos referimos a la preeminencia del bienestar individual, hoy altamente afectada por el rumbo que ha tomado la política de los políticos que debían implementar esa democracia.

Holloway tampoco cree en el Estado; yo sí; aunque no defiendo concretamente la actual forma estado-nación.

Así como me cuido mucho de cualquier tentación totalitaria, tampoco se me ocurre que el animal humano, que biológicamente, evolutivamente, está puesto en el mundo para competir, pueda organizar una sociedad anárquica, sin una fuerza que lo controle y limite. La libertad que puede imaginarse no es total, es la máxima posible dentro de un sistema organizado que permita el máximo beneficio factible para todos, esto es, el bien común. Pensar en una sociedad de masas sin una autoridad rigiendo y haciéndose cargo de los problemas, es algo que veo como un delirio que no resiste el menor análisis dotado de un mínimo de seriedad.

El tema está en qué forma estatal haya que encontrar para que la libertad y el bien común queden mejor garantizados que ahora, cosa que los actuales poderes mundiales no van a hacer. Y hacerlo partiendo de la premisa de que sin capitalismo no existe la libertad y que sin democracia no existe el bienestar del individuo.

Holloway tiene sus bases, yo las mías, tú las tuyas. Por encima de ellas está el pensamiento, que a veces responde a las bases de cada quien y otras, simplemente a la humanidad contenida en cada uno, a ese punto en el cual todos somos iguales. Este pensamiento de Holloway[2] está definitivamente por encima de cualquier base

---

[2] John Holloway. Wikipedia. [en línea]
https://es.wikipedia.org/wiki/John_Holloway

ideológica y por eso lo traigo: es un desiderátum válido para todos los humanos y como humanista, yo recojo los hechos humanos antes que los facciosos, simplemente porque no reconozco facciones útiles dentro de lo humano.

Me tiene sin cuidado la ideología que da origen a algo que sirve a todos. Porque lo bueno puede surgir de cualquier parte, y porque entramos en una etapa histórica de ideas globalizadas y universales, y de diversidad reconocida y respetada. Precisamente la diversidad que el capitalismo tiende a renovar constantemente y que la democracia tiende a reafirmar y consolidar.

LA POLÍTICA COMO ENEMIGA DE LA DEMOCRACIA

Un estilo de burocracia dura que permea constantemente la sociedad civil, es la de los partidos políticos de configuración verticalista, que cuando se da en un contexto monopartidista, adquiere una eficacia similar a la de las formas fascistas o teocráticas. Pero también es grave en el caso de bipartidismo, toda vez que habiendo una alternancia ininterrumpida, siempre hay una estructura vertical en el poder; esto hace que un régimen formalmente democrático, sea en rigor, buro-democrático, lo que reduce la democracia a una apariencia superficial, en el mejor de los casos procedimental, siendo su seno marcadamente totalitario.[3]

---

[3] Tomado de mi libro ¿Cómo lo arreglamos? La policía: podemos cambiarla (62) Catálogos Editora, Buenos Aires, 1997.

EL PODER

"El poder es toda posibilidad, en absoluto, para imponer su voluntad en una relación social, incluso contra la resistencia de los demás"

Max Weber

Paralelamente a esas grandes preguntas de la ontología (el estudio del ser) 'qué somos' y 'para qué somos', corre otra más acuciante, dada su implicación práctica: cómo somos... o mejor aún, cómo estamos. 'Cómo estamos' conlleva la noción de que podríamos ser de otra manera, y de que lo que somos podría ser en mayor o menor medida, modificable.

En aras de aproximarnos al cómo estamos, es menester dilucidar primero qué nos hizo así y qué nos mantiene así o bien de qué modo nos está haciendo de aquí en más. Tenemos que colocar la lente sobre los poderes que hicieron y hacen el mundo y, por eso mismo, *construyen nuestra subjetividad...*

Es dato de la Naturaleza que todo lo que existe está regido por leyes o responde a un sistema nervioso o al menos gira alrededor de algo. Debido al principio universal de organización, para todo hay un eje o una fuerza rectora...

Llamamos poder a lo que constituye ese eje o esa fuerza rectora dentro de nuestra especie y específicamente, en nuestra sociedad. Como la sociedad es en definitiva una imposición y esa entidad (el poder) está para mantener y gestionar la imposición, va a limitarnos y presionarnos, y por ende, tiene mala prensa. Aunque el poder influye mucho en la prensa, por cuanto puede maquillarse de maneras variopintas: por ejemplo, el sostén ideológico de las monarquías europeas fue que el poder del rey era una delegación parcial del poder de Dios (integrismo).

De cualquier modo, hay muchas cosas para decir del poder sin caer en la ya clásica visión conspirativa donde unos pocos malvados dominan el mundo. Si nos detenemos un rato a evaluar con ojo distante la calidad personal y organizativa de quienes mandan en el mundo, vamos a darnos cuenta de que los gobiernos y los poderes sociales tienen un alcance relativo y que las fuerzas del sistema intervienen bastante para que las cosas sigan en pie.

Los gobernantes no son muy importantes.

No puede decirse que el poder apareció en la sociedad de tal o cual modo, porque estaba en el mundo mucho antes de que nosotros nos agregáramos al mismo.

Siempre estuvo con nosotros porque *siempre estuvo en nuestro cerebro*, no es sólo que lo aprendimos en la familia. Si vamos a nuestra lógica interna, podríamos encontrar un origen o justificación del poder en la distribución de tareas. Vale decir que para organizar la actividad y así lograr que las tareas se cumplan, alguien tiene que interpretar de qué manera se ordena y se coordina, y luego disponer y establecer.

Sobre todo, porque tenemos una individualidad muy marcada y así como cada persona es única e irrepetible, también tiene opiniones y procederes muy personales y cada vez que se junta un grupo, lo que hay es un criterio diferente por cada persona.

Cuando dos personas se organizan para tener sexo, no hace falta que nadie disponga ni coordine nada: la Naturaleza se ha encargado de ello, implantando en cada sujeto los recursos necesarios. Cuando una madre amamanta pasa lo mismo, y cuando un padre defiende a su hijo, otro tanto. Cuando alguien ayuda a un necesitado o cuando varios individuos se unen en un grupo circunstancial para rescatar a un chico de un peligro, también sucede eso. Por lo tanto, no todas las actividades requieren del poder. Pero hay un cúmulo de ellas para las que el poder es inevitable, porque sin él no podrían llevarse a cabo.

En la tribu se salía a cazar en un grupo cuyos miembros tenían que operar coordinadamente y para eso hacía falta un jefe. En la galera, los galeotes debían remar al unísono, para lo cual el cómitre los guiaba a golpes rítmicos de tambor. En la siembra y la cosecha hay época, plazos y horarios que los cosechadores deben respetar, y para eso hace falta dirección. En la preparación de una fiesta es menester contemplar una cantidad de rubros y detalles que quedan a cargo del organizador. En la construcción de una embarcación o un puente hubo conocimientos específicos que aplicar por los trabajadores, que se ajustaban al diseño e indicaciones de un experto. En la tala, sólo uno de los hacheros decidía cuáles árboles iban a caer, cuándo y hacia dónde.

Ya en nuestra superpoblada época, el psicólogo suizo Edgar Schein[4] define la organización como "Coordinación racional de las actividades de un cierto número de personas que intentan conseguir una finalidad y objetivo común explícito mediante la división de funciones y del trabajo, a través de una jerarquización de la autoridad y la responsabilidad." Acá se ve que si bien son las personas las que intentan la finalidad, no es posible que lo hagan

[4] Schein, Edgar H. Psicología de la organización. 1982. Ed. Castillo. Madrid. Versión PDF [en línea]
https://jgestiondeltalentohumano.files.wordpress.com/2013/11/libro-psicologc3ada-de-la-organizacic3b3n-edgar-h-schein.pdf

por sí mismas, dado que a este nivel no existe un implemento natural que aporte organización. Nace *la autoridad*, es decir el saber cómo debe hacerse y la facultad de imponérselo al resto.

Ahora bien ¿Puede alguien imponer algo a otro desde su flanco, desde el mismo piso, desde el mismo nivel? Lo que puede hacerse en estos términos es negociar o pelear, pero nunca imponer. Los individuos –de todas las especies- están dotados de *avidez*, que es lo que los lleva a desplegarse, a desarrollarse, a crecer. Se ven obligados a pugnar por estos intereses, es decir, que lo harán todo el tiempo hasta que encuentren que ya no pueden hacerlo. Y lo único que logra ese límite es la fuerza.

Tiene que entrar en escena alguna fuerza superior a la avidez del sujeto, para que él desista de pujar por lo que percibe como sus intereses. Esta fuerza puede ser ambiental o humana, y en este caso puede ser simplemente directa (fuerza de hecho, física) o bien indirecta (amenaza, coacción). Cuando viene alguien y me golpea o hiere, aparece la primera forma de poder natural: logra que yo desista de mi puja y él hace prevalecer sus intereses. Y cuando viene una cantidad razonable de semejantes y me dicen que desista, se constituyen en un poder que tiene fuerza en sí mismo porque es superior a mí. Entonces aparece la primera forma de poder social, que es *la convención*.

La convención se sirve de la microfísica del poder que señala Michel Foucault[5], ese poder atomizado y circulante que se distribuye irregular y discontinuamente entre todos, *haciendo que cada persona tenga por momentos una cuota de decisión en algún tema.* Afirma que "no hay un poder soberano y único; tanto el poder mismo como las modalidades de resistencia e insumisión, deben pensarse entonces en forma múltiple, plural y diseminada. Es una entidad difusa y omnipresente, es la expresión de mecanismos normalizadores que están presentes en toda la trama de la sociedad y en cada acto de las personas." Para terminar de entender esto, tendríamos que hacer el ejercicio de observar a lo largo de un día cuántas veces estamos en una posición de decidir sobre cosas de otros, y cuántas en la que otros deciden sobre cosas nuestras (realmente muchas).

Cuando aquel que me lesionó con su mayor fuerza decide quedarse para imponerme indefinidamente sus intereses, me conquista y se convierte en un poder personalizado, un poderoso, adquiere jerarquía de hecho. Cuando los de la convención desean asegurarse de que

---

[5] Foucault, Michel. Vigilar y castigar, 1976. Siglo Veintiuno Editores, México. Versión PDF [en línea] http://www.ivanillich.org.mx/Foucault-Castigar.pdf

yo obedezca y creen que es mejor colocar a alguien para controlarme, están instalando una autoridad, que es un poder convencional personalizado, otro tipo de poderoso, con jerarquía conferida.[6]

---

[6] Extracto de mi libro Metaperspectivas. Alegato humanista, psicologista, antimaterialista y sistémico (Cap. 7). Amazon Kindle
https://www.amazon.com/dp/B01I7FP2K2

EL PODER DEL DINERO

El capitalismo no es un modelo económico creado por nadie, sino resultante de la evolución de la sociedad. Queremos lo material y ello marca salud porque corresponde a la esencia de una especie destinada a dominar la materia. Hubo un momento en que el trueque dejó de ser operativo y fue sustituyéndose por el dinero y esto fue útil, porque dio lugar a un nuevo lenguaje y un nuevo tipo de relaciones más adecuadas a un mundo que se poblaba y por eso se complicaba. Ahora, el dinero es el agente simbólico omnipresente que constituye el segundo lenguaje de nuestra sociedad: todo es expresable en términos de dinero y todo es vinculable y movilizable en términos de dinero. Y celebramos los contactos y pertenencias con quienes identificamos iguales o análogos en términos de qué dinero disponen. El dinero además reduce la violencia intrasocial, al permitir resolver por su vía una infinidad de diferendos que de otro modo, serían dirimidos por la fuerza.

Por supuesto que el dinero fue manipulado por las leyes ordenadoras del sistema, y terminó concentrándose en las arcas de los poderosos, dando nacimiento a un nuevo tipo de dueño, los dueños del capital, los capitalistas.

El capitalismo es un sistema basado en relaciones de dinero y en la codicia del capitalista: pero los predecesores del capitalista también eran codiciosos y además, todos los súbditos de todas las épocas también lo fueron. El vasallo, el proletario y el trabajador son humanos y por consiguiente tan codiciosos como el noble, el burgués y el capitalista, sólo que el sistema les limita el ejercicio de su codicia, cosa que no hace con los poderosos. Es que precisamente para eso tiene a los poderosos, que son especímenes a los que les tocó ocupar eso que es un lugar previsto en el sistema, que alguien tiene que ocupar, donde nadie tiene muchas garantías y donde existe una alta rotación. No vamos a decir que el capitalista se sacrifica por el sistema, pero tampoco el trabajador lo hace, simplemente ocupa su lugar y al igual que su patrón, da lo menos posible tratando de obtener lo más posible. Por otra parte, hoy está clara la conciencia de que cualquiera puede caer y cualquiera subir, y es mucho mayor que en otras épocas la identificación y el respeto que los capitalistas derivan a los que trabajan.

El capitalista ocupa un lugar signado por el dinero, y eso es lo que va a obtener. El dinero está íntimamente asociado al poder y también está sobrevaluado culturalmente; confiere dignidad y ventajas por un lado, así como las quita por el otro. Todos queremos tener dinero, adoramos el dinero, porque *la ambición* es el combustible de la sociedad, y no solamente la ambición de los capitalistas. Somos así, así estamos constituidos y eso es lo que el mundo requiere de la especie para funcionar como debe. Aunque si no lo tenemos vivimos igual, y podemos llegar a hacerlo muy bien. Los que no tienen dinero tienen otras cosas porque hay muchas otras cosas que tener. Si no fuera así y la gente no pudiera sentirse satisfecha con poco dinero, no podría conservarse el orden establecido y no habría paz social.

Además hay otro problema: no podemos tener todos la misma cantidad de dinero todo el tiempo, puesto que entonces el dinero no tendría ningún valor. Gran parte de su sentido es psicológico y está en que ofrece una forma directa y poco violenta de competencia, un juego relativamente fácil y relativamente seguro que permite intentar la riqueza al tiempo que ordena las relaciones.

No obstante, desde que fueron apareciendo sociedades de cierta complejidad no queda todo liberado al desempeño de cada quien en dicho juego: existe fiscalización gubernamental en la distribución, como vía de atenuar desigualdades en las habilidades de juego y evitar así que algo destinado a reducir la violencia intrasocial, acabe aumentándola. Es un mecanismo cibernético de estabilización de la tensión interna del sistema. El gradiente distributivo –por así decirlo- es lo que en definitiva puede ocasionar la disconformidad masiva (y si es masivo es de la parte baja de la pirámide social) que puede desestabilizar el statu-quo.[7]

[7] Extracto de mi libro Metaperspectivas. Alegato humanista, psicologista, antimaterialista y sistémico (Cap. 8). Amazon Kindle https://www.amazon.com/dp/B01I7FP2K2

LA MONARQUÍA RESIDUAL

Dos siglos y un cuarto transcurrieron desde que el Mundo Occidental tomó la decisión de deponer el hecho monárquico como modalidad formal de gobierno. Rápidamente la idea fue captada, bienvenida y ejecutada mediante un altísimo costo en sangre, pero ampliamente justificado, sobre todo en estas tierras americanas aplastadas por brutales imperialismos, donde la mención de la palabra 'rey' lo menos que producía era urticaria.

Rápidamente también fue instalada la noción de República y rápidamente se produjo su desarrollo técnico y operacional y su difusión mundial: tanto fue el furor que se llamó república a cualquier cosa, incluso a regímenes tiránicos y aún monárquicos remanentes. O sea, el hecho político se concretó como un aluvión. Lo que hay que preguntarse en cuánto tarda un hecho político en acomodarse en la psiquis de la gente, en abrirse un lugar en la mentalidad de los pueblos, en pasar a operar concretamente en la conciencia colectiva.

Porque lo que parece haber por estos lares tercermundistas es una distancia abismal entre el hecho concreto, físico, y el hecho conceptual, psicológico: de hecho a hecho, parece haber un largo, larguísimo trecho.

Estos pueblos salvajemente conquistados, denigrados por la colonización, desangrados por los imperios encabezados por reyes cuyo único rasgo visible era la extrema y despiadada codicia, se supone que luego de ser liberados, debían odiar y rechazar de plano todo lo que un rey representa. Sin embargo, la experiencia recurrente demuestra que no es así, que el patrón monárquico sigue vigente en las mentes y latente en los corazones, y que el sometimiento directo a la voluntad y la personalidad de alguien que gobierna sigue despertando pasión y adoración.

Es como una especie de síndrome de Estocolmo: una gran porción de estos pueblos sigue enamorada de quien lo amedrenta para reducirlo a servidumbre; o al menos deslumbrada hasta un punto de no alcanzar a advertir esa reducción a servidumbre y pensar sin grandes dudas que las cosas están bien, están normales, están como corresponde que estén.

Y en cierto sentido, esto es así. Desde una mentalidad con alto grado de clisés monárquicos, o que con un criterio más moderno se define como totalitaria, el gobierno tiene que ser algo muy personalizado, el gobernante tiene que ser alguien con temperamento muy fuerte y muy carismático, y el pueblo tiene que dedicarse a rendir culto a esa personalidad. No se concibe en esa función a gente racionalista, que no sea narcisista, que no imponga su imagen y su discurso todo el tiempo en todos los ámbitos, que no esté onmipresente, que respete instancias superiores a sí mismo como podrían ser la ley o el sistema institucional, que reconozca y conviva con otras ideas, otros estilos, otros países y otros órdenes políticos, que no ofrezca periódicas demostraciones de fuerza, y sobre todo, que no sea capaz de despertar en cada palabra, en cada gesto, minuto a minuto, pasión y amor, porque en las sociedades totalitarias los líderes políticos esperan y exigen amor y el pueblo se lo debe prodigar. Al rey hay que amarlo: si es bueno mejor, y si es malo, también.

Tampoco es concebible en una conciencia colectiva de raigambre monárquica, que el rey robe. En una monarquía, el sentido de los fondos públicos es otro, no es el mismo que en la república: el rey no es un servidor público empleado, el rey es el dueño. Y es el dueño de todo: de las tierras, de la gente, de las instituciones, de la fuerza pública, de los negocios y de todo el dinero que el reino pueda generar y que no constituye otra cosa que su tesoro personal. Después él verá de qué manera lo distribuye o emplea en relación a su pueblo, pero haga lo que hiciere, es su plata. Y encima, es su derecho e incluso su obligación, aumentarla a como le diere lugar siendo ello la riqueza del reino, o de la nación. Si la aumenta conquistando bienes extranjeros está bien, y si lo hace tomando bienes domésticos, también está bien.

La fortuna del reino es la fortuna del rey. Y la fortuna del rey es la fortuna de la familia real, que en definitiva heredará el reino y todos sus bienes. Y siendo los mecanismos de sucesión gubernamental netamente vitalicios y dinásticos, no existe problema alguno en la cantidad de años que un rey o una reina pueden quedarse en el trono, como tampoco en que designe para todos los cargos públicos a familiares y amigos sin que importe su idoneidad; o que si tiene un hijo bobo igual lo haga su sucesor.

El monarca forma su gobierno en base a lazos de confianza y necesita hacerlo así porque no va a admitir que su autoridad pase por muchos cuestionamientos y porque tiene que mantener un permanente ocultamiento de sus manejos políticos y financieros, acerca de los cuales debe desinformar, mentir. Por ejemplo los jueces del reino son para los conflictos de la plebe, pero no juzgan al rey y a los suyos; a éstos sólo los mantienen a cubierto de cualquier reclamo y les piden consejo cuando les llega algún asunto que pueda comprometerlos. Las reinas y los reyes gobiernan por su antojo y tienen que rodearse de incondicionales dispuestos a todo por el reino y sus arcas, a quienes se compensa con participación en el poder y las ganancias pero principalmente, con los fueros y privilegios que confiere su estado áulico, es decir la pertenencia a una corte que será amada y temida casi como a ellos mismos y durante todo el tiempo que dure el reinado.

Dos siglos han pasado y es mucho tiempo para que una sociedad incorpore un cambio político; pero por acá la monarquía sigue viva e intacta como antes. Quizás entonces no haya sido tan mala, o quizás no haya sido tan acertado derribarla. Al menos en estas tierras, donde quizás habría que restaurarla: así podríamos vivir más tranquilos, sin tanta discusión, sin tanta corrupción, sin tantos cortesanos disfrazados y sin tantas divisiones.

Sin duda sería una mejor vida que esta de estar sufriendo década tras década por generar una república que nunca se terminará de entender y mucho menos consolidar.

EL PODER IDEOLÓGICO

"Es gracioso. Todo lo que tienes que hacer es decir algo que nadie entiende y van a hacer prácticamente cualquier cosa que quieras."

Jerome D. Salinger

Una cosa es el análisis del poder como abstracción teórica, y otra muy diferente es cuando se ha personalizado, cuando alguien lo ha encarnado y estamos ante la figura del *poderoso*. Esta figura remite a los orígenes de la sociedad humana, signados por la banda y la horda primordial, que tenían una conducción difusa casi siempre a cargo de un macho patriarcal. La evolución trajo una comunidad compacta y los primeros líderes políticos, al surgir nuevos esquemas comunitarios que fueron la jefatura y la tribu, encabezados por un jefe.

El jefe detentaba el poder y disponía de la fuerza física para imponerlo; pero lo que comandaba era un conjunto de congéneres cruzado por lazos sanguíneos puestos en un ordenamiento signado por la dependencia mutua. Más que aplicar la bruteza, había que conquistar las voluntades y dejar la coacción para reaseguro. El jefe se dotó entonces de un asesor y colaborador especializado en el manejo de voluntades: el brujo, hechicero, chamán, o ese nombre tan profundo y genérico que persiste hasta nuestros días: el sacerdote.

Este sacerdote primitivo era el que explicaba la muerte de alguien como ira de alguna deidad, y también era el que le decía a un pastor que había que sacrificar a su hija virgen porque el dios tal lo había mandado. Ningún pastor se hubiese atrevido a preguntar cómo lo supo; y de haber sucedido, el brujo hubiese respondido que el mismo dios tal se lo había dicho. Con sus fábulas fabricaba las ideas del conjunto e imponía la fe para que no sean cuestionadas. Si se encontraba con algún problema, lo amparaba la fuerza física investida por el jefe.

La especie humana admite una muy variada gama de estilos de vida posibles, pero cada comunidad puede desarrollar su vida sólo en uno; por eso existe la cultura, que limita el campo al instaurar un armado de las cosas y descartar todos los restantes. La cultura nos dice qué es la realidad y cómo tenemos que interpretar el mundo, fijando límites y procedimientos. La religión fue hasta no hace mucho la encargada de generar cultura y definir las prohibiciones, penalizando y reprimiendo su incumplimiento.

El cometido fue el disciplinamiento social gestionado mediante la reducción cognicional (constreñir el conocimiento); esta se lograba por limitación dogmática reforzada con un edificio mitológico y amenazas virtuales. Amenazas que según época y lugar, han pasado a ser bastante reales y concretas. Excepto el Infierno, que por tan delirado es imposible de reproducir en los hechos, hemos visto y documentado la mar de las calamidades en ese sentido (la Inquisición es la más notoria).

El principio reside en que lo que la gente tiene que saber es una cantidad determinada de cosas, las que están revestidas de certeza total. De todo lo demás, no se habla y a veces hasta pensarlo es un pecado (tabú). *Es el poder* quien promueve las certezas como recurso para no ser cuestionado, para ser ciegamente acatado. El conocimiento genuino, el que no proviene de los intereses de los poderosos, no contiene tantas certezas. Por eso el poder siempre se ocupó –con cuánta transparencia vemos esto en nuestros días- de aglutinar a la gente para mantenerla obtusa, para explicarle la vida y resolvérsela mediante simplificaciones brutales, cruentos maniqueísmos o la noción de misterio, que no son otra cosa que violencia intelectual. Con esto se consigue *la obediencia*.[8]

---

[8] Extracto de mi libro Metaperspectivas. Alegato humanista, psicologista, antimaterialista y sistémico (Cap. 9). Amazon Kindle https://www.amazon.com/dp/B01I7FP2K2

LO QUE NO QUEREMOS VER

El certero Aldous Huxley basó su obra en anticipación histórica fundada en un análisis científico del presente que él vivió. Hace 85 años, vaticinaba así la vida del rebaño que integramos hoy (los títulos son míos):

Política y medios masivos de comunicación social
«La eficacia de una propaganda política y religiosa depende esencialmente de los métodos empleados y no de la doctrina en sí. Las doctrinas pueden ser verdaderas o falsas, pueden ser sanas o perniciosas, eso no importa. Si el adoctrinamiento está bien conducido, prácticamente todo el mundo puede ser convertido a lo que sea.»

La televisión
«La ciencia y la técnica, al servicio de los intereses de poder, conducirán al mundo a formas sociales de domina-ción absoluta, a instituciones opresoras a las que nada quedará al margen, de las que nadie escapará.»

La democracia representativa
"La dictadura perfecta tendrá las apariencias de una democracia, una prisión sin muros en la cual los prisioneros ni siquiera soñarán la fuga. Un sistema de

esclavitud donde gracias al consumo y la diversión, los esclavos tendrán amor a su esclavitud."

La educación y la industria farmacéutica

«En el curso de la próxima generación, creo que los amos del mundo descubrirán que el condicionamiento infantil y la narcohipnosis son más eficaces como instrumentos de gobierno que los garrotes y los calabozos, y que la avidez de poder puede satisfacerse tanto si mediante sugestión se hace que la gente ame su servidumbre, como si a latigazos y puntapiés se le impone la obediencia.»

LOS MENOS

La Revolución Francesa fue gestada durante cinco décadas por todo un movimiento intelectual del que participaron muchos miembros de la burguesía y que coexistió todo ese tiempo con el régimen monárquico imperante. Vale decir que el régimen disfuncional y opresor fue rechazado por una porción importante de la sociedad, y atacado y sentenciado públicamente desde sectores que se beneficiaban de él, todo esto mientras continuaba imperando y errando continuamente.

Esto es posible porque se trata de un proceso social, una evolución de la Historia, que no es un evento que vayamos a producir directamente los humanos pero es algo que nos contiene, se nos muestra, nos compromete y reclama nuestra atención.

Como nos sucede a nosotros ahora, la gran mayoría no quería ese tipo de gobierno pero tampoco estaba la posibilidad de cambiarlo de inmediato. Y entre los que se benefician de una situación, también hay personas con honestidad intelectual y conciencia social que comprenden que además de su ventaja particular, las cosas tienen que estar bien para todos.

Quizás sean los menos, pero los hay.

PAN Y CIRCO

Otro día en el que sólo oí a la gente hablar de dinero y de política. Decir dinero es decir 'pan' y decir política es decir medios, que es donde la gente ve el 'circo' de la política. Fuera de las cuestiones estrictamente personales, todo lo social y todo lo que constituye la realidad dimana de los medios, y esto demuestra que pasaron muchos siglos para que nada cambie. Las formas son vertiginosas pero el fondo es constante: desde la Antigua Roma sabemos que todo es 'pan y circo'.

RESCATAR AL INDIVIDUO

"Las tres enfermedades del hombre actual son la incomunicación, la revolución tecnológica y su vida centrada en su triunfo personal."
José Saramago

"No hay medicina que cure lo que cura la felicidad".
Gabriel García Marquez

Nos importa el individuo y queremos darle una vida mejor. No queremos arreglar el mundo, aunque sí queremos arreglar al individuo y en ese empeño, solemos tropezar con lo que está mal en el mundo. Como tampoco puede decirse que al mundo lo hacemos los individuos, y que hay individuos malos que hacen un mundo malo: al mundo, al mundo humano, lo hacemos los individuos pero no lo decidimos los individuos; sólo podemos intentar influir. El mundo puede ser visto de muchas maneras, y una de ellas es como un concierto de poderes que no pueden faltar, pero que no tienen por qué agredir tanto al individuo como lo hacen en esta época.

Si algún sentido tendría esta Posmodernidad, sería marcar el inicio de un reino de diversidad organizada donde cada ser humano pueda ser protagonista de una vida que pueda definirse propia, en contraposición al *actual artificio ajeno y enajenante* que se le vino imponiendo...

Cuando hablo de problemas no hablo de la consabida pobreza que tanto muestra y condena la hipocresía mediática y política; hablo de miseria existencial, psicológica; de vidas que no están y no estarán todo lo bien que podría suponerse. Y para esto la pobreza material o estructural no es un requisito; en muchos casos es una protección y en muchos otros la riqueza es la causa. Podría decirse que el problema del mundo no está en los pobres, sino en los ricos.

Lo que más inquieta del abuso de los que están en el poder, es en primer término que como todos nacemos iguales en derechos, el acaparamiento desmedido en perjuicio de quienes deben esforzarse toda su vida para ver al final qué consiguieron, es un despropósito inaceptable que acrecienta exponencialmente el malestar basal que de por sí nos obsequia el hecho de estar vivos y discurrir en sociedad. Y luego, que precisamente por esa voracidad desmadrada, no se está cuidando la sociedad y el planeta ni planificando el mundo para las generaciones venideras. A la inversa, se está saqueando, despilfarrando e intoxicando todo. Y este saqueo, despilfarro e intoxicación llega hasta el primer recurso natural de la Humanidad, que corre el riesgo de dejar de ser un recurso renovable: la cabeza de la gente. Estamos ante el albur de que llegue consolidarse una corporación humana inexpugnable que reduzca al resto a la atrocidad de una inferioridad estructural irreversible.

Esto suena trilladamente agorero, de literatura apocalíptica; pero la polarización de la riqueza es un hecho reconocido desde hace décadas, que mantiene inexorablemente su curso. Y aunque hasta ahora podría decirse que trajo beneficios para todos, no deja de significar un riesgo potencial: bastará con un cambio en *la actual voluntad* de los hiperpoderosos de mantenerse respetuosos de ciertas dignidades del resto. Los enunciados de Murphy o Finagle (mal designados como leyes de Murphy) son contundentes: Todo lo que pueda suceder, sucede.

Lo peor es que esto lo estamos gestionando los mismos damnificados –la víctima siempre es cómplice de su victimización- que con nuestro hedonismo y pasividad estamos enviando a nuestros nietos hacia esa atrocidad. Y con el terrible agravante de que como siempre sucede - y nos sucede hoy a nosotros- la mayoría de ellos no lo tomarán como atrocidad, sino apenas con la resignación correspondiente a la época que les tocó vivir. El sueño hitleriano de la raza superior que el mundo vivió como tragedia, estaría en vías de repetirse como comedia guionizada por la sociedad política e impartida desde su virtualidad mediática.

Podría decirse 'Bueno, este ve demasiadas películas distópicas.' Aunque yo lo pondría al revés: si hay tanta literatura y cinematografía distópicas, es porque la cosa ya está casi ocurriendo...

La Historia que escribimos y enseñamos a los chicos no es más que la cronología del poder, es una historia política, un relato de andanzas de los poderosos, ricos y famosos que han conducido las naciones. No nos hemos comprometido lo suficiente con el malestar de las mayorías como para desarrollar una acción de conjunto que lo prevenga en el futuro. Nos justifica tal vez el que ningún animal tenga protagonismo en el derrotero de su especie; pero ya que decimos ser los mejores animales, deberíamos al menos encarar el tema. Y la mejor manera quizás sea resolvernos como individuos que no sigan construyendo y alimentando estos voraces y estúpidos animales que son hoy los poderes, a los que les importa bastante poco la situación y el futuro de los humanos...

Un efecto de la alienación es que no permite ver ni pensar correctamente, es tener delante una cortina con dibujos que distorsionan el paisaje que hay detrás. En orden a la apreciación, podemos distinguir tres niveles: mirar, ver, observar. Para desalienarse, es preciso aprender tres cosas: a no mirar la virtualidad mediática; a mirar y ver la escena central; a mirar, ver y observar en derredor.

Cualquiera que tome distancia de la TV, radio, diarios y revistas, estará a resguardo de los variados tipos de abuso comunicacional, y estará más cerca de la verdad o de poder averiguarla, sólo por no exponerse a tanta desinformación orquestada y a un particular *discurso subjetivante*. Y seguirá dueño de su percepción y su inteligencia, que deben ser sagradas y no ser invadidas ni vapuleadas desde ningún poder.

Respecto de la escena central, verla selectivamente informa lo necesario para estar conectado con el mundo, aunque conviene tomarla con crítica porque la habita el poder y la información no es suficientemente precisa o confiable. En cuanto a derredor, quiere decir todo lo que no sea escena central: observarlo produce información de primera calidad y toda la que uno desee de su entorno local. Vimos antes que estamos obligados a saber cosas que no podemos ver, porque debemos participar de una conciencia colectiva que en algunos puntos abarca todo el planeta, y uno no ve más allá de un kilómetro. Pero la prudencia enseña que antes que adoptar un saber que puede ser errado, prefiero no saber y confiar en mí mismo para crear, si se presentare una contingencia.

Estar disconforme con el estado de cosas es estarlo individualmente, de manera autodidacta. De otro modo, seguramente estemos disconformes como dicen en los medios que lo estemos, disconformes como la crítica que hacen ellos al mundo. Si los medios dicen que las cosas están mal, es sólo para reforzarlas, para conservarlas así: nada en los medios va a generar nada contra el statu quo, porque los medios son el statu quo. Van a circular un nivel de crítica que parezca alto pero ya saben que será inocuo. Y cumple la otra importante función de hacer creer a la gente que hay crítica y que ella participa, la protagoniza. Es el principio del gatopardismo: empezar cambios que parecen fuertes pero que se detendrán a tiempo y todo quedará igual; que cambie algo para que nada cambie...[9]

---

[9] Extracto de mi libro Metaperspectivas. Alegato humanista, psicologista, antimaterialista y sistémico (Cap. 18). Amazon Kindle https://www.amazon.com/dp/B01I7FP2K2

QUE SE VAYAN TODOS

Cuando como sucede hoy el ambiente de la revolución se extingue, quedamos a merced de los peores vicios posibles en las clases gobernantes.

Pero la revolución, como 'partera de la Historia' que es, volverá para alumbrar nuevos caminos.

PARTE DOS: LA POLÍTICA

LA PSEUDODEMOCRACIA

Una visión (apretada y teórica) de lo que sería la política actual en el mundo, y qué implica eso para nosotros los individuos

"La gente vota sobre cosas de las que no tiene ni idea"
Daniel Kahneman

"En cuanto al poder disciplinario, se ejerce haciéndose invisible; en cambio impone a aquellos a quienes somete un principio de visibilidad obligatorio"
Michel Foucault

"La civilización que te roba la libertad para después vendértela".
Eduardo Galeano

En la producción teórica acerca de la comunidad humana hay una interesante división en sociedad política y sociedad civil, que es acertada y operativa. *La sociedad política* incluye todo lo que represente poder público o privado y que tenga influencia en el rumbo general, en tanto que *la sociedad civil* es la expresión de todo lo que está fuera de las áreas de decisión y les depende en su despliegue corriente. Es la parte baja de la pirámide social, mientras que el pico piramidal corresponde a la sociedad política.

Descartando que la sociedad civil es portadora de una complejidad inenarrable, puede también decirse que la sociedad política de la actualidad tiene lo suyo. Pero como simplificación gráfica, es válido describirla como un sistema que consta de tres componentes que, tratándose justamente de un sistema, se descuenta que actúan bien dinamizados: *el poder estatal o gubernamental, el poder económico, el poder comunicacional.* Por supuesto que al respecto hay literatura mucho más completa y prestigiosa que ésta, pero a los fines que nos ocupan servirá ese modo de plantearla.

Llamamos poder público, estatal o gubernamental, a algo que comúnmente se menciona como poder político, porque el poder político ya no es únicamente el que ejercen los factores de la política, sino que lo ejerce la sociedad política completa. La política no gobierna por sí misma, sino en una cerrada interdependencia con los capitales y los medios masivos de comunicación, esquema que constituye una corporación de poder absoluto con los recursos para hacer que *nadie piense que ese poder es absoluto.*

La sociedad política es un sistema puesto a la cabeza de otro sistema (la sociedad civil), es un sistema regulador, gobernante. Por lo tanto, está bien relacionado con el sistema regulado, lo cual implica que está bien visible y bien palpable, o sea, que emite y recibe en tiempo y forma toda la información necesaria a su cometido.

Esa eficaz conexión con la sociedad civil –e incluso con partes de la misma sociedad política- también es complejo, pero queda en mayor parte a cargo de los massmedia, cuya función primordial en el sistema es esa, más precisamente en lo concerniente a la salida de información hacia la sociedad civil, al output. La entrada o input tiene además otras vías más precisas de colección y llegada.

Por un simple pensamiento fractal, puede imaginarse a la sociedad política como una reproducción en escala de la sociedad civil. Pero como todo lo fractal, es y no es así; la reproducción no es fiel y además, está modificada de acuerdo a su función, no deja de ser un órgano hecho según su función. Sin embargo, la sociedad política se sirve del universal y obligado recurso de *la representación*, donde sí aparece como algo que guarda los suficientes isomorfismos con la sociedad civil...

La escena central que siempre existió como el foco donde habitaban los poderosos y eran observados por sus dependientes, se complica cuando es ocupada por representantes: estos se plantean como idénticos a los dependientes, quienes a su vez se identifican con ellos. Por consecuencia, los dependientes se ven a sí mismos en la escena central. Pero de una manera deformada y manipulada por los representantes, que gozan de la *doble identidad* de dominantes y dominados, de poderosos y dependientes, de gobierno y pueblo...

El voto es la *ilusión de participación* concreta en la política y es la simplificación más aviesa: mi voto no tiene importancia decisoria en la elección y luego me exime o me excluye de cualquier otra vía de participación. Participo insignificantemente cada dos años de algo que afecta cada minuto de mi vida y si las cosas fueron mal, soy responsable de lo que voté. Y es una participación obligatoria, lo cual constituye un contrasentido, puesto que si participo de algo es voluntariamente.

Para que una persona tenga una concreta injerencia en política representacional, aún con la mejor técnica electiva, el contexto no puede ser muy numeroso ni muy extenso: tal vez diez a cincuenta mil personas en un distrito. Porque no es solamente el voto lo que cuenta, sino el protagonismo existencial de cada persona en el ámbito: que viva y tenga intereses allí, que conozca y sea conocido, que esté informado, que pueda opinar socialmente con algo mejor que eso llamado opinión pública. Hacer votar masivamente por contextos que la persona sólo conoce mediante propaganda –es decir, que no conoce en lo más mínimo y sólo accede a la ficción con que se lo presentan- y cuyo voto significa la archimillonésima parte de un electorado sometido a confusión y presión variadas, es un despropósito que sólo beneficia a los representantes. La representación política es muy buena para los representantes y los poderes que los controlan; para los representados *es masificante, desindividuante y por ende deshumanizante.*

La política es un espectáculo que crea espectadores y fomenta la expectación, a la vez que reduce y desalienta el protagonismo. Instala una distribución numérica entre protagonistas y espectadores de acuerdo a la situación que el poder esté manejando y a la mejor conveniencia de éste.[10]

---

[10] Extracto de mi libro Metaperspectivas. Alegato humanista, psicologista, antimaterialista y sistémico (Cap. 10). Amazon Kindle
https://www.amazon.com/dp/B01I7FP2K2

SIGA EL CARNAVAL

Es la fiesta electoral y circula hasta en la sangre el vendaval de nombres de candidatos. Se abre una nueva esperanza.

Todos se repartirán el poder público para arreglar lo que hizo mal el grupo anterior (al cual ellos a su vez pertenecieron) y hacer cosas para mejorar el país. A juzgar por las *reiteradas e idénticas experiencias*, el nuevo gobierno comenzará bien, luego se estancará y enredará en cuestiones incomprensibles, y terminará mal. Y seguramente buscará o encontrará la manera de quedarse 10 ó 12 años allí, para irse en medio de la adhesión de sus fanáticos y favorecidos, y del descontento de la gran mayoría. Y depositaremos la esperanza en el siguiente.

Lo que todavía no logramos es elegir a alguien que no vaya a arreglar ni estropear nada, sino a simplemente hacer su trabajo. Será porque nosotros no entendemos así la política: para nosotros es un show más, un espectáculo deportivo con himno incluido, un ámbito que se rige por las reglas de la farándula, del fútbol, de la eterna liturgia televisiva que tanto adoramos y sin la cual no aceptaremos vivir nunca.

Como en el fútbol, cada uno tomará partido por una facción y querrá que le gane a las otras. Y esto se mantendrá durante todo el mandato, será el centro de la actividad gubernamental.

Se hará con el dinero producto de nuestro esfuerzo y de nuestros fracasos, con nuestra credulidad e ingenuidad, con merma de las posibilidades futuras de nuestros hijos, y con toda esa emoción que ponemos en cosas que sólo pueden regirse por la razón.

LAS INVERSIONES QUE NO LLEGAN

Si bien no pueden sorprender a nadie más o menos avispado que haya presenciado las caras, gestos y actos que la caracterizan a los políticos, el actual destape de las bandas de delincuentes del último gobierno argentino no deja de ser un bello espectáculo frente al mundo. Pero hay más, cada vez más.

El diario La Nación informa que "...la Justicia confirmó por primera vez que una campaña electoral para elegir presidente de la Nación fue financiada por el narcotráfico. Tres ex jefes de Gabinete de Cristina Kirchner fueron procesados por delitos de corrupción en complicidad con otro sistema mafioso, el de la AFA (Asociación del Fútbol Argentino)... aparece en la sentencia del juez Ariel Lijo, que procesó a varios ex funcionarios kirchneristas por el financiamiento ilegal de la campaña electoral de 2007 que convirtió en presidenta a Cristina Kirchner: 'Existen indicios de que el dinero vino de carteles de droga de México'. Aunque tardío, lo cierto es que nunca antes la Justicia había dicho de manera tan clara que una campaña electoral fue financiada, en parte al menos, por el narcotráfico."

El mismo periódico escribe que "...donantes sin capacidad económica, aportantes fantasmas, reconocidos asesores que no fueron declarados y millonarios gastos de pre-campaña fuera de la ley son algunas las prácticas que ejecutaron los partidos actualmente mayoritarios Cambiemos (actual oficialismo), el Frente para la Victoria (FPV) y UNA. La jubilada Stella Maris fue la responsable económica de la alianza Cambiemos, que encabezó Mauricio Macri, pero que también contuvo a los entonces precandidatos presidenciales Elisa Carrió y Ernesto Sanz, informaron fuentes judiciales. Stella Maris está secundada por otra jubilada. María Armanda Inza, de 82 años, también aseguró a La Nación que no estaba enterada de su rol partidario. Historias como la de Stella Maris y María Armanda se volvieron habituales en los últimos años... Los partidos políticos evitan designar a dirigentes activos porque la ley de financiamiento electoral fijó como castigo para los responsables económicos la inhabilitación para ocupar cargos públicos si sus balances no son aprobados.... Si bien las tres principales fuerzas, Cambiemos, el FPV y UNA tuvieron irregularidades, el FPV sufrió las observaciones más agudas... tres supuestos donantes que aparecieron en la lista preliminar se presentaron ante la Justicia para negar dicho aporte... la Cámara detectó más de 200 aportantes que no cumplían con las condiciones financieras mínimas para realizar dichas contribuciones. Son contribuyentes autónomos de las categorías más bajas..."

Vale decir que como saben que los balances no van a dar bien porque operan con dinero ilegal, toda la flor y nata de la política que se encargará de regir las instituciones y destinos de la Nación y de labrar las leyes, no vacila en apelar a estas burdas maniobras fraudulentas para gambetear la ley aún desde antes de acceder a los cargos. Y la Constitución dice que los partidos políticos son instituciones fundamentales de la República...

Tenemos además al que sería el segundo político más importante del orbe (el primero es Mr President) dedicado de lleno a hacer política kirchnerista nada menos que desde El Vaticano, faltándole el respeto al país y rifando su autoridad moral ante el resto del planeta. Y van a besarle el anillo los jueces y fiscales más conspicuos, para contarle sus problemas y pedirle su consejo: no puede existir un disparate mayor. ¿Qué tiene que ver el Papa con el Poder Judicial, qué opiniones tiene que dar ante una Justicia que es definitivamente laica, de qué debilidad adolecen estos funcionarios de pacotilla para necesitar salir de sus fueros institucionales en busca de ayuda, cuando integran un poder del Estado que es soberano en su materia? Y encima, ni siquiera aprovecharon para confersarse por sus pecados de venalidad.

Las inversiones van a los países en serio; si no, el riesgo es mucho.

NO TENEMOS PATRIA

La organización clánica y cofrádica de la sociedad (no puede llamarse comunidad) hace legítimo aceptar a y compartir con los allegados y cercanos, y rechazar y devaluar al resto. Esto genera una actitud de denuesto y agresión para con la gran mayoría, con los que se comparte la sociedad y una cantidad de cosas, pero se mantienen diferenciación y distancia basales.

También, promueve un reino de la trampa, donde mi facción tiene que ganar a como dé lugar, a cualquier precio, porque todo es una competencia por los intereses de cada quien. Nos rige la conveniencia y no la corrección.

Esto, que es la actitud natural entre organizaciones comerciales (empresas, países) nosotros la aplicamos a lo interno de la sociedad, manteniéndola fragmentada, dividida en porciones que con gran facilidad caen en el enfrentamiento fútil, el enfrentamiento por el sólo hecho de enfrentarse, que aparece por sí mismo, sin beneficio, sin prospectiva, debido a la división ínsita.

De este modo, no vivimos en función del bien común sino del bien faccioso, y cuando en política nos gusta un candidato, no es porque será el mejor para la sociedad sino el mejor para nuestra facción, que a fin de cuentas, es el mejor para mí. Por eso me vendo al mejor postor y abdico de mis responsabilidades para con el prójimo en función de mi propio beneficio.

El pequeño problema es que así jamás se termina de construir la comunidad, que es el único estadio en el cual se viabiliza una patria.

Entonces, no tenemos patria.

TERROR DE ESTADO Y MAL ABSOLUTO

Terror de Estado es la generación de temor desde esferas de gobierno; *mal absoluto*, es un concepto que refiere a que quien debe cuidarme (los padres, las instituciones, el periodismo, el mismo Estado) utilizan mi confianza en él para dañarme. Estas categorías se hicieron habituales entre nosotros a partir de 1984, para calificar lo que fuera la dictadura militar de los años previos. Pero para nada han sido un rasgo exclusivo de los gobiernos de facto.

Más acá de la atrocidad de la dictadura autodenominada Proceso de Reorganización Nacional (1976/1984), ese período sintetiza e ilumina la marca más significativa de toda nuestra historia política y de casi todos nuestros gobiernos hasta el presente: el autoritarismo, lo antidemocrático. Hemos vivido y seguimos viviendo bajo dictaduras que deciden qué es bueno para nosotros y lo ejecutan con gran provecho propio, mientras nos mantienen mirando para otro lado. Dictaduras que militares o partidarias, siempre han subordinado al pueblo a intereses superiores *que jamás terminaron de aclararse*. Subordinar quiere decir obligar a obedecer sin genuino derecho a opción u opinión.

Para que esto haya prosperado y se haya sostenido en el tiempo con una fachada de legitimidad, la misma legitimidad que no sólo gozaron los gobiernos electivos sino también los de facto, es necesario que haya miedo, que la ciudadanía elija no mirar, no decir, mantenerse replegada. Para que haya miedo de opinar y manifestarse en contra de lo que está a todas luces mal en política, es preciso que exista violencia factual y/o simbólica desplegada desde el poder estatal. Esto es, que haya miedo a seguras consecuencias negativas.

En regímenes militares, no ha sido muy difícil sentirse amenazado: la violencia pública estaba a la vista. Pero en los períodos civiles, la violencia de la fuerza pública fue replegándose cada vez más, hasta llegar en la actualidad a suprimirse, y el terrorismo de Estado tomó formas simbólicas para ubicarse en un rango de amenaza. El efecto represivo sobre la población es el mismo o superior.

Cualquiera se siente amedrentado si constata que:

La constitución y las leyes son de aplicación relativa y se eluden con pasmosa facilidad, incluso desde elementos de gobierno.

Los gobernantes se empeñan en sostener y reforzar su tradicional lógica facciosa y en mantener a la sociedad dividida y enfrentada en cuestiones de política. No cesan de armar su bando llenando los puestos públicos, incluso los más delicados, con amigos y socios de dudosa o ninguna idoneidad para la función, pero demostrando fuerte capacidad para lo corporativo y faccioso.

Gobernantes y opositores mienten y delinquen ostensiblemente en medio de una corporatividad mafiosa, con garantizada inmunidad. Se toman atribuciones que de ningún modo les corresponden, moviéndose con absolutas discrecionalidad y autorreferencialidad.

Toda la información que al respecto circula públicamente, aparece confusa y contradictoria. Los periodistas en los que se necesita confiar para mantenerse informado, tienen claras posiciones tomadas, muchas por intereses y compromisos espurios, y se dirigen a la gente desde su parcialidad.

Los medios de comunicación constituyen una corporación autorreferente que instala dogmas políticos frente a los cuales cualquier parecer individual que sea diferente, es pasible de dura sanción social (rechazo, descalificación, ridiculización, etc.)

No circula un acabado o siquiera suficiente conocimiento técnico que permita opinar en política con cierta seguridad. Fuera de las inquietudes privadas que cada quien pudiere tener, no existe a nivel ciudadano una manera pública y consensuable de adquirir tal conocimiento de modo común y compartido con los pares.

Pululan variados elementos de violencia callejera organizada que en pequeños grupos logran reprimir a decenas de miles de ciudadanos, elementos que son paraestatales pero fomentados y sostenidos por el Estado.

Operan al descubierto logias parasitarias del Estado dedicadas al tráfico de influencias, copamiento de despachos y empresas estatales, avasallamiento institucional, latrocinio de fondos públicos y saqueo de puestos laborales, comandadas por príncipes presidenciales.

Se subvenciona con privilegios y dinero público a sectores fronterizos de la población, en tanto que se mantiene un rango de desocupación y subempleo que circunscribe al ciudadano medio a inestabilidad laboral e inseguridad económica.

Se fomenta permanentemente desde el periodismo la sensación de inseguridad pública y jurídica, magnificandose el nivel y alcance de los hechos delictivos que acaecen.

Se descalifica y agravia continuamente a todos los sectores vitales del Estado, devaluándose su credibilidad por parte de la población que les depende.

Existe plena conciencia de que cualquier factor de poder político goza de impunidad para cometer los hechos criminales que quisiese, así como de cobertura y encubrimiento garantidos por parte de los organismos que deban investigarlos.

Las grandes empresas privadas gozan de una antijurídica preeminencia sobre sus clientes, sometiéndolos a abusos constantes y crecientes, frente a los cuales no existe ninguna defensa real y efectiva.

Todo eso aquí enunciado de manera general, más todo lo que en particular pueda derivársele, constituye en la vida de un ciudadano común un esquema de indefensión propiciado por el mismo Estado que debe velar por su defensa, en dimensión compatible con la noción de mal absoluto.

LICENCIA PARA DELINQUIR

¿Por qué tener más miedo de los delincuentes comunes, que nos van a robar algo de poco valor que rápidamente podremos recuperar, que de los delincuentes políticos, que nos han venido robando cosas de muchísimo valor que jamás recuperaremos? Y si los asaltantes pueden matarnos, los políticos también, pero no de a uno sino en cantidades de nosotros. Los políticos no salen a matar gente, pero incumplen sus obligaciones de control y celo profesional, ya sea por desidia o por interés: no matan y dañan por acción, sino por omisión. Y detrás siempre está su ganancia, su beneficio.

Sabemos perfectamente que cada político está amasando su fortuna personal aunque esto no esté a la vista ni esté probado, simplemente porque no se habla del tema. Es un tema latente que es mantenido en estado larvario, principalmente por los otros políticos y los periodistas, y precisamente porque la cosa efectivamente está sucediendo. Es una sospecha que recae sobre todos ellos y que es mantenida en el terreno de la posibilidad, sin que haya una persecución real de estos delitos por parte de la Justicia y del periodismo, que de tanto en tanto crucifican a uno para que purgue los pecados de todo el resto. Cada tanto aparece un caso constatado y es colocado como chivo expiatorio de todo el resto, como si ese hecho fuera cometido por unos pocos, cuando *ellos saben muy bien que todos sabemos* el resto de la historia.

Por esta exhibición de impunidad descarada logran arraigar continuamente en la conciencia colectiva la idea de su inmunidad. La reiteración de ejemplos es el mecanismo con que se nos confirma nuestra inermidad frente a la situación, lo que nos deja claro que como pueblo, como ciudadanía, tenemos el problema pero nada podemos hacer al respecto, que somos impotentes y debemos mantener nuestra resignación.

MALVERSACIÓN I

Busco y me canso de buscar, y no encuentro dónde dice que el dinero público -ese que pagamos nosotros y deviene de los negocios de la nación- esté para ser gastado en publicidad de los gobernantes de turno, compra de jueces y periodistas, armado de estructuras estatales y paraestatales de respaldo gubernamental, pago de consultorías por trabajos que debieran hacer los funcionarios a sueldo, y vaya a saberse cuántos desvíos más.

A menos que el Poder Ejecutivo pueda ponerse por encima de la ley escrita, generar cajas clandestinas y malversar caudales públicos, acciones que tampoco encuentro descriptas en ningún lado, salvo en el Código Penal.

MALVERSACIÓN II

Tampoco encuentro dónde dice que tiempo y energías de los gobernantes estén para ser empleados en campaña política y competencia electoral, cosa que hacen desde el primer día de su mandato.

Yo puedo calcular a ojo de buen cubero que más de la mitad de su tiempo efectivo de labor se va en operaciones de propaganda pensando en las próximas elecciones, y francamente me interesa que ellos se dediquen por entero a su trabajo de solucionar o mejorar las cosas, y que no sean tan cínicos como para producir esos desvíos muy sueltos de cuerpo, como si fuese lícito.

Otro tanto puedo suponer de sus energías, que yo las quiero puestas a las muchas y onerosas preocupaciones que sin duda tienen sus cargos, a menos que ellos se tomen la atribución jamás conferida por nadie de filtrar y seleccionar esas preocupaciones en beneficio de la principal, que es la electoral.

EL ESTADO INVERTIDO

Nos quejamos del peligro a que nos somete el constante robo de teléfonos celulares y de autos, y el consumo de drogas ilegales. Y nuestros aliados y defensores -los políticos y los medios- nos llevan la atención sobre la pena con que esos delitos son reprimidos.

Y al mismo tiempo, distraen nuestra atención de la también constante proliferación de negocios que compran celulares robados, desarmadores que compran autos robados y vendedores barriales de drogas, sin los cuales aquellos problemas no existirían.

Es decir, nos obligan a pensar en una solución equivocada para poder sostener los negocios donde abrevan los aparatos políticos, la tropa partidaria, y sobre todo, la policía que ellos necesitan corrupta.

Porque si el sistema penal (policía, justicia y penitenciaría) estuviese hecho a operar de acuerdo a la legalidad, los actuales políticos y todos sus aparatos estarían presos y serían sustituidos por otros que procedan de acuerdo a la legalidad.

O sea que obligan a la sociedad a mantener a su propio costo los bolsones de corrupción y violencia sobre los que ellos se afirman; y que tampoco van a ser tocados por ninguno de los mal llamados opositores que van a repartirse bancas para seguir distrayéndonos con las penas de los delitos -asunto de poca o ninguna eficacia en el control del crimen- mientras evitan cuidadosamente señalar o actuar hacia sus fuentes más directas.

La sociedad crea el Estado para que la preserve y dirija, y por ello le depende. Y hace mucho tiempo existen gobiernos que en vez de construir sociedad se ocupan de destruir maneras y valores y de consentir una cultura criminal, o sea, un Estado invertido en su función.

POR QUÉ SOMOS SUBDESARROLLADOS

El subdesarrollo consiste en una falla en alcanzar los estándares de civilización de los países que lideran el mundo y se consideran los más desarrollados, organizados, industrializados, en suma, viables. Esos, cuentan con clisés cognicionales, o insertos de la conciencia colectiva, o códigos tácitos, o mentalidad, acordes a una sociedad democráticamente organizada.

Democrático implica una centralidad del ciudadano, y no una del poder político como es en el subdesarrollo. Implica que no se piensa al poder político como un ente superior e inaccesible, sino que se lo ve como un conjunto de servidores públicos sometidos a control. Que esto quizás luego no sea tan así, es otra cosa: lo importante es cómo piensa la gente, lo cual en un dado momento le conferirá posición y recursos para operar sobre su dirigencia.

En los países industrializados, además no existe el clisé de acaparamiento, o existe limitado por la condición de ciudadano del resto. Entre nosotros, el acaparamiento tiene dos características: se realiza tomando en cuenta una condición de súbdito o vasallo del resto; y está naturalizado en la sociedad: cada uno es un acaparador potencial y ve como natural apoderarse en despojo de los otros.

Allá también hay respeto real y total por la ley, el acatamiento no se relativiza o se hace selectivo según las circunstancias y las identidades. La ley se visualiza con existencia material y operatividad concreta, no como una virtualidad superada cotidianamente por el poder factual, como es entre nosotros. Tampoco entre nos el prójimo es respetado como uno mismo, ni tiene suficiente entidad para ser confiable o totalmente creíble, y no se pone suficiente atención a su parecer. Todo lo relacionado con opinión y evaluación queda reservado a estamentos de poder.

Los representantes republicanos de allá tienen una clara conciencia de su representación del pueblo y aunque también hacen su juego, no dejan de lado los intereses de la gente. A diferencia de los nuestros, que sólo piensan en hacer creer que representan para poder entregarse tranquilos a sus intereses. Los ayuda que vivamos la política de manera chauvinista, sin elaboración intelectual, simplona; como hecha a la medida de un pueblo ignorante, básico, cuando en realidad nuestro pueblo está conformado por una alta proporción de gente cultivada, con o sin estudios superiores.

En el subdesarrollo no cuenta el nivel de formación individual, que puede ser muy alto y vasto, pero es inútil si no está la estructura social de interacción e interdependencia que tienen los desarrollados. Ellos logran en su sociedad el justo balance entre interés individual e interés común, que les permite construir sistemas institucionales que sostengan a fondo ambos intereses.

Nosotros consideramos que lo único que tiene un valor real es el patrimonio y la capacidad de consumo. No tenemos un buen registro colectivo de lo institucional, que es la armazón orgánica de un país; por eso tenemos países blandos, deformes, sin esqueleto. Se vive el presente, o con una idea de futuro limitada y poco florida. No existen planes colectivos ni perspectivas nacionales. Lo que suceda en el futuro dependerá de lo que suceda en el mundo, es decir, está naturalizada la dependencia.

En el Primer Mundo la ciudadanía es material de consulta permanente, o al menos así es conceptualizada. Aquí sólo es un público, un espectador, una masa votante y consumidora. La misma gente se ve a sí misma de ese modo, y ni siquiera se le ocurre pensar en un protagonismo en cual sea realmente tenida en cuenta como sujeto de la política.

En la visión del Primero, el Tercer Mundo es la resaca del planeta, es lo fracasado, lo inviable, lo dependiente. Lo que tiene gobiernos que no sirven para nada, pero no importa porque el destino del país no lo rigen los gobernantes, sino el contexto global. Acaso exageren o pequen de soberbia, o acaso no estén tan errados. Lo cierto es que por nuestra parte, no vinimos haciendo nada para invalidar esos juicios.

EL LASTRE COLONIAL

Los políticos son una pesada carga que las sociedades del Tercer Mundo tienen que soportar. Son el remanente del cipayaje colonial que no van a terminar de reciclarse en auténticos operadores republicanos porque para que haya una república, hace falta que haya ciudadanos.

Si bien existe hoy un imperialismo económico en el mundo, no actúa oprimiendo colonias sino buscando negocios, y el negocio ya no es someter pueblos para usurpar su territorio, sino intentar educar pueblos para que aprendan a generar nuevas riquezas, de las cuales probablemente ellos pretendan o puedan llevarse una parte.

El problema con el Tercer Mundo es que sus sociedades no reaccionan a su inercia colonial y siguen viéndose y pensándose como colonias: es decir no originan esencia republicana en su sistema ni mentalidad ciudadana en su pueblo.

Y no lo hacen porque conservan encima su antigua cabeza colonialista consistente en una clase político-económica que se beneficia de tal esquema porque como siempre fue, no tiene que vivir realmente en la colonia. Siempre han vivido fácticamente en el Primer Mundo, porque su función ha sido la de coadyuvar a la explotación del pueblo y el territorio en favor del imperio demandante.

Por caso, alguien que sufre la pobreza en su corazón cuando atraviesa una zona carenciada con el BMW camino al aeropuerto internacional, no se va a preocupar mucho por comprometer su posición y patrimonio abogando por cambios en el sistema político-institucional, que además es el mismo sistema que puso en ese lugar a su familia de origen y se lo conserva hoy a él y sus hijos (estamos hablando de un par largo de millones de argentinos). Su principal enemigo son los cambios, o los cambios en los puntos del sistema que no deben cambiar.

Lo demás sí puede cambiar y es bueno que lo haga, precisamente para que no cambie lo esencial. O sea, se buscan cambios para lograr que nada cambie. Y se fingen cambios para quitar la atención de lo que no debe cambiar (esto último hace dos siglos que recibe el nombre de gatopardismo).

Para que un vasallo mentecato -contaminado con obsoletas nociones de patriotismo y antiimperialismo que lo anclan en su fracaso- se transforme en un ciudadano activo, sólo hace falta introducirle un cambio, uno solo: la crítica. El ciudadano no es solamente tener un documento de identidad, adherir a un partido y votar: es un lugar desde el cual la persona se ubica políticamente en una actitud de vigilancia y análisis de sus gobernantes para buscarles los defectos en cuanto a su cuidado del sistema. El ciudadano adhiere a la persona de un gobernante sólo en función de que éste respete y construya el sistema. La persona en sí misma no es lo más importante, y si nos ponemos los anteojos adecuados, esto lo vemos todo el tiempo en el mundo desarrollado.

Empero en estar tierras, la crítica política surge por sí sola en apenas una mínima parte de la gente: el gran resto -tenga el grado educativo que tenga- no se considera habilitado para eso, salvo cuando ha tomado partido por un bando y critica al otro. Hay temor a internarse en aguas desconocidas y a sanciones de todo tipo, sobre todo de sus mismos pares: está esto del temor al ridículo o al rechazo, esto de 'quién es uno para pensar y hablar así', o eso otro del tabú en cuestionar al ídolo, etc.

Es decir, que la crítica política es un cambio que para darse, debe ser propuesto y estimulado desde el poder político. Y es muy difícil pensar que un remanente colonialista vaya a ocuparse de generar ciudadanos que puedan criticarlo y hacer tambalear sus lugares.

MALDITA REPRESENTACIÓN

Este fragmento [1977] es de Carl Ransom Rogers, prominente psicólogo humanista estadounidense. Vivió para buscar maneras de mejorar la vida de la gente, y soportó toda su vida la resistencia de un sistema insensible. Hacia el final, la emprendió contra la política, donde halló las causas de muchos de los problemas.

"Los esfuerzos para exterminar la pobreza son a su vez exterminados por el hecho de que el 8 % de la población tiene una renta mayor que el 50 % que constituye la capa inferior. Tal separación entre los pobres y los ricos de este país y entre las naciones pobres y las naciones ricas, en el conjunto mundial, aumenta cada vez más. Hay empresas poderosas que no sólo ejercen una extraordinaria influencia sobre nuestro gobierno y sobre nuestras vidas, sino que también se inmiscuyen altaneramente en los asuntos de países extranjeros. En la actualidad, los altos cargos administrativos están ocupados predominantemente por hombres ricos, de tal manera que de nuestros 100 senadores, supuestos representantes del pueblo, 40 son considerados multimillonarios. El hombre de la calle no cuenta con representantes sensibles y solidarios ni en el plano de la institución en la que trabaja, ni en el del gobierno que lo dirige."[11]

[11] Rogers, Carl. La persona que surge: Nueva revolución (artículo, 1977). [en línea] http://www.pnlnet.com/la-persona-que-surge-nueva-revolucion/

LA BURODEMOCRACIA

Tendrán que disculparme, pero lo que yo veo no es una democracia sino una magnífica *burocracia pretextada en el acto eleccionario*. Eleccionario entre comillas, porque nosotros no elegimos ir a votar, sólo se nos arrea al cuarto oscuro y para votar una muy pequeña cantidad de puestos de responsabilidad del total de cargos que existen y que serán luego cubiertos a dedo.

Fuera del proceder electoral, no hay nada que pueda llamarse literalmente democrático en el sistema de gobierno.

El fraccionamiento del poder en jerarquías con fines de organización de ámbitos numerosos, asume un tipo de disposición que llamamos *burocracia*. La burocracia administra el poder mediante una distribución sucesiva de porciones en oficinas o departamentos en los que hace una delegación parcial y estrictamente controlada. Suele definirse a la burocracia en base a su impersonalidad, sus procedimientos previstos y regularizados, y su *simplificación de la realidad* para hacerla controlable. En una distorsión análoga a la representación política: se lleva la facultad de decisión a una instancia jerárquica donde sólo se ven recortes de la vida de la gente y por lo tanto, la simplificación que se realiza puede ser brutal.

Sin perjuicio de ello, el cometido basal es servir de prolongación del poder central, y su concepto está en *la consulta permanente en las decisiones*. Estamos ante una cuando ningún nivel decide por sí mismo sino en base a reglamentaciones o consultas con referentes, o en el caso de burocracias blandas, se actúa con cierta autonomía pero con conciencia de rendición de cuentas.

Para que exista organización hace falta dominación, porque hay un centro de poder que impone las pautas y controla su cumplimiento. El problema radica en la dimensión de dicha dominación, y que *no se confunda organizar con dominar*. La organización no tiene el fin de dominar ni tiene que ajustarse totalmente a una dominación; la organización tiene su propio fin y utiliza el dominio al solo efecto de integrarse y mantenerse funcionando. Organizar no es dominar, sino aplicar *un mínimo de dominación* para lograr que la organización logre su cometido.

Con todo, hay que tomar en cuenta que hay organizaciones concebidas sólo para dominar, como pueden ser las militares, policiales, penitenciarias y mafiosas, o los regímenes políticos fascistas o totalitarios. Una burocracia militar está destinada a dominar tropa y eventualmente una población territorial ocupada. Una penitenciaria, a dominar una población carcelaria. Un régimen tiránico, a dominar una nación. Empero una universidad no pretende dominar al alumnado, una empresa difícilmente quiera hacerlo con su personal, ni un estado democrático domina a su ciudadanía; aunque en este último caso hay tela para cortar.

La práctica muestra que suele llamarse democracia a un esquema de gobierno que es una maraña de burocracias; son en realidad enormes ingenierías de control que mejor nombradas estarían como *burodemocracias*, con todo el contrasentido que pueda significar una democracia burocrática. Son corporaciones totalitarias atenuadas por el mercado y justificadas por los massmedia...

Una de sus tácticas de dominio es la ocultación de información y la capacidad de que al mismo tiempo que aumentan su comunicación con el medio ambiente, aumentan el ocultamiento. Juegan además con la complejidad de trámites o caminos administrativos a recorrer por nosotros para obtener algo de alguna de ellas, estatal o privada; los poderes acostumbran utilizar esta técnica de laberintos para complicar cosas que no tienen por qué complicarse. A veces nos encontramos con pesados y no siempre legítimos corrales sociales que se patentizan en enormes dificultades de movimiento.

Las burocracias gozan de esa potestad de sistematizar y abusan graciosamente de ella; y así como se ocupan de hacerlo con las tareas, también lo hacen con sus inevitables transgresiones. Es difícil que una tarea pueda hacerse como se dice que se hace, por lo que siempre existe un monto de transgresión que las burocracias se encargan de viabilizar ocultándolo. Es decir, logran que se pueda transgredir con impunidad. Las estatales hacen esto con algunas de las transgresiones a la ley penal (delitos): se ocupan de sistematizarlo para que pueda cometerse con inmunidad.

Los aparatos burocráticos del Estado son cardinalmente mentirosos porque su tamaño desmesurado los hace estructuralmente ineficaces y transgresores, y deben disimularlo continuamente; su mayor especialidad no es ejecutar la función para la que fueron concebidos sino, cumpliéndola a medias, engañar para que parezca que la cumplen totalmente. Procuran adocenar, amuchar, aglomerar, masificar para subordinar, para manipular con facilidad; su exhibición permanente de las estadísticas, las tablas, los gráficos y las estimaciones, machacan de continuo a las personas su condición de números o partículas, convenciéndolas de que son algo pequeño, de poca significancia.

Si la burocracia no se ve exigida a producir hechos, se recluirá en su faz administrativa, que es más cómoda y segura: los burócratas interpretarán la realidad desde la suntuosidad calefaccionada de sus despachos, y la responderán mediante la altisonante retórica de sus papeles y discursos. Las burocracias estatales son ficciones de poder legal, puesto que en realidad son satélites de los centros de poder y dinero de la sociedad política. Si alguna vez sirvieron para organizar el mundo, hoy están para que minorías puedan aprovecharse fácil e impunemente del resto...[12]

---

[12] Extracto de mi libro Metaperspectivas. Alegato humanista, psicologista, antimaterialista y sistémico (Cap. 13). Amazon Kindle
https://www.amazon.com/dp/B01I7FP2K2

OCLOCRACIA

Hay muchos intentos de definir el populismo, demagogia u oclocracia (no es fácil ponerlo bien en unas pocas palabras) y yo agregaría el mío: básicamente es aprovecharse o abusar de la ingenuidad del pueblo.

Los ingredientes entonces serían dos: que haya un pueblo ingenuo; y que haya una distancia intelectual en lo político, entre el pueblo y los poderosos.

Por eso los populismos proliferaron en Lationamérica, donde persiste el esquema biclasal (clase rica y clase pobre), aunque la penetración del consumo de los productos que el mundo desarrollado fue proveyendo en el siglo pasado haya generado apariencias intermedias.

En lo latino no hay clases medias reales, sino aparentes: los mejores ejemplos son Argentina y Brasil, donde extensas franjas poblacionales son medias en poder adquisitivo, pero pobres en ubicación y reflexión políticas. Son clases medias únicamente en el consumo, pero no en lo político, área donde continúan con la ingenuidad y chatura mental de siempre. Basta poner atención a los contenidos de los comentarios que hoy pueden hacerse casi en cualquier nota de diario online o página de red social. O al contenido en sí de las notas o las páginas, cargadas de elementos disonantes con la manera de dirigirse a una población adulta.

LA IZQUIERDA FÁCIL

Conceptualmente, la izquierda es el pueblo llano y la derecha es el poder. Todas las posiciones políticas que se fueron suscitando fueron identificándose según sus intereses y dedicación, con una de las dos, o con posturas intermedias.

Los populismos y autocracias que asolaron el Tercer Mundo en el último medio siglo apelaron a una ruta fácil: se disfrazaron con ropaje de izquierda o centro-izquierda, sabiéndose dueños de pueblos que les creían o que directamente, no podían entender nada. Empero, lo que en realidad fueron es derechas plutocráticas y cleptocráticas, es decir, gobiernos de gente muy rica o que se estaba enriqueciendo mucho, que tuvo como principal preocupación el afirmarse y perpetuarse en el poder. El resto, fue mantener viva la llama del odio y el enfrentamiento con cualquier cosa interna o externa que pudiera etiquetarse como derecha, como aristocracia o como imperialismo, preservando un espíritu de 'zurdaje trosko' que ya cumple un siglo.

Las socialdemocracias nórdicas nos muestran lo que en realidad es la izquierda: el camino difícil de haber llegado a gobiernos acotados en su poder y riqueza, y circunscriptos a la única tarea que tienen: hacer rico y poderoso a un ciudadano llano que vive en paz.

Por caso en Suecia, la Familia Real no tiene poder político y quienes lo tienen, los parlamentarios, mientras dure su término viven en departamentos estatales de 40 metros cuadrados con las comodidades y servicios mínimos, en una digna austeridad. Y lo hacen aunque en lo personal pudieran ser ricos.

Si se le presenta un micrófono a un ciudadano sueco, dirá que eso es suficiente para el trabajo que tienen que hacer y que no ve por qué haya que gastar dinero público en mantenerlos con más comodidades.

En cambio a un ciudadano tercermundista que vive en la pobreza, le encanta que lo gobiernen ricos que llegan al gobierno para vivir como ricos con el dinero del Estado, con la sola condición de que jure preocuparse por los pobres y ponerles límites a los otros ricos como ellos.

LA IZQUIERDA SANMARTINIANA

Los que somos humanistas, demócratas y libertarios, somos de izquierda. Porque la izquierda es conceptualmente, cuestionar el orden establecido, ponerse del lado del pueblo y del individuo, abogar por la parte débil del esquema político.

La derecha es el poder constituido, más todo lo que lo sostenga y defienda, todo lo que abogue por la preeminencia del mismo, y todos los que quieran llegar a estar allí.

Se aplica el concepto de izquierda a los socialismos, cuando en realidad lo que quieren es derribar al poder regente para ocupar su lugar, es decir, convertirse en derecha. Muy a pesar de Marx, esto quedó muy claro en los regímenes comunistas, mal llamados socialismos reales, donde la revolución que él imaginó para liberar al pueblo proletario, sirvió para originar burguesías aún más cruentas: un grupúsculo adueñándose de todo y haciendo del Estado un feroz tirano capitalista y expansionista. La izquierda pasa a ser una vía de acceso a la derecha.

En Cuba, por caso, un puñado de 'jóvenes revolúcionarios' salieron una madrugada de una juerga y derrocaron a un gobierno que el único ejército que tenía para frenarlos era uno de prostitutas. Se quedaron ahí a someter al pueblo de manera vitalicia, y hoy que están muriendo vuelve a flamear en la capital la bandera del supuesto opresor.

Esto fue una regia derecha.

Un siglo y medio antes y en esto que luego se llamó Argentina, un soldado de la corona opresora se puso al lado del pueblo, generó un hecho militar suficiente para oponerse a un ejército poderoso, y llevó adelante su liberación. Después de eso, no ocupó el lugar del rey defenestrado, sino que entregó su libertad al pueblo. No pasó a la derecha.

Esto es la verdadera izquierda, cuestionar al poder, criticarlo, acosarlo y si hace falta, derribarlo sin la intención de llegar a ser poder; sino instalar uno nuevo y quedarse afuera para controlarlo.

Esto es lo que entendió José de San Martín y es lo que los demás no le entendieron. Y es la parte que todavía no terminó de generarse la república para ser la real democracia que pretende ser.

Para que el pueblo gobierne, tiene que adquirir conciencia de izquierda: dejar de adorar o temer o someterse a los representantes que puso en el gobierno y aprender a crecer individualmente y organizarse colectivamente para controlarlos. San Martín quiso eso para nosotros, y se frustró cuando vio que nos ahogábamos en mezquindades intestinas, tendencia que aún hoy conservamos.

MINORÍAS

Los populismos siempre premian y sostienen la indecencia, bajo el democrático pretexto de amparo a minorías desprotegidas. Los sectores beneficiados (vándalos, ladrones, holgazanes, inadaptados) suman un volumen y una calidad inmoral que los transforma en una gran minoría parasitaria que infecta el conjunto y se alimenta de él.

Pasan además a ser tropa incondicional del régimen, que los utiliza para mantener al resto amedrentado y aplicado a su trabajo, su consumo y su pago de impuestos. La decencia es devaluada y castigada.

PARTE TRES: LOS MASSMEDIA

EL PODER COMUNICACIONAL

El implante social del poder político queda a cargo de una configuración de medios de comunicación social, o medios masivos de comunicación, o bien massmedia, a los que se agregan una segunda línea de elementos publicitarios, editoriales, cinematográficos, discográficos y también educacionales y religiosos, y su vehiculización por internet. El total de las porciones de estas actividades que puedan englobarse en los cometidos de la sociedad política, se denomina Poder Comunicacional y constituye en sí mismo el poder ideológico y un fuerte poder económico, y está cada vez más integrado al poder político.

Se los conoce también con el genérico de industria del entretenimiento, porque sus contenidos oriundos y predominantes han sido la información y el espectáculo, y en estos días se confirma esa etiqueta al nombrarse a sus protagonistas como farándula (profesionales de la diversión), mote que aceptan y celebran, periodistas incluidos. El desarrollo que alcanzaron les confiere una capacidad de maniobra que los torna extremadamente influyentes en la opinión pública, y la prodigalidad de su filón comercial ha hecho que vivan simbióticamente en un frondoso oligopolio. Ahí nadie atenta contra el negocio de nadie porque hay más que suficiente para todos, con gran parte del botín procedente del erario público, vía publicidad estatal e intercambio de favores.

Por aquella influencia, la élite política ha adoptado una relación con ellos que giró de dinámica a dependiente en las últimas décadas, tiempos en que quedó sentado primero que la realidad la fabrican los medios, luego que se gobierna con los medios y por último, que *gobierna la farándula*. Y esto es indiscutible, dado que ningún político ejecuta o consiente un mero acto que tenga por referencia directa a la ciudadanía, o siquiera al electorado, sino que el patrón primario de medida es lo que los medios podrían decir del mismo...

Los massmedia emplean el espectáculo para todo, porque venden espectáculo. Lo venden como entretenimiento, como información o como influencia, y acorde a eso varía su clientela. Cuando es como influencia, su cliente tiene poder, paga por eso y recibe eso. Cuando es entretenimiento o información, tiene en realidad doble clientela: el ciudadano común que consume esos productos, y un poderoso que de un modo u otro paga por determinados contenidos. Vale decir que *siempre están vendiendo influencia*.

La influencia más inocente es la publicidad, si podemos llamar inocente al hecho de crear necesidades de consumo donde no las hay. El trabajo de la publicidad fue crear la sociedad de consumo para que los ricos continuaran siéndolo a través de las empresas en que invierten su riqueza. Y es al menos cuestionable que alguien que no sabe qué hacer con su dinero se ponga a fabricar cosas de dudosa necesidad y contrate publicidad para hacer obligatoria su compra.

Una publicidad menos inocente es la *venta de políticos* y de actos de gobierno. Un político se designa, se le fabrica una imagen pública y se lo vende para votárselo, y nadie sabe realmente quién es y qué puede llegar a hacer en el futuro. El electorado no elige contenidos políticos sino que vota afectivamente por la catexia que la publicidad consiguió estimularle. Es una masa informe de gente inducida a votar del mismo modo que es inducida a comprar.

Inclusive, los medios propalan la idea de que la autoridad pública es un poder. Hablan insistentemente del poder político como poder, y de las funciones públicas como lugares de poder, y esto lo repiten para que se entienda sin posibilidad de duda. En especial en los países en desarrollo, nunca esgrimen el concepto de autoridad (poder delegado y limitado a una función) y jamás deslizan el término servicio, porque mantienen lejos de la conciencia colectiva la noción de que los políticos son *servidores de la gente*. Su declamación es de democracia, pero su acción es confirmar la visión verticalista y totalitaria que la ciudadanía pueda hacerse de las estructuras estatales y políticas.

Menos inocente aún es la *actividad distractiva*, que regula el volumen de atención del público en los diversos temas y de esta manera asigna valor a los mismos o directamente mantiene ocultos a algunos. O la hiperinformación, que devalúa por inflación el interés en lo que es importante; y la información selectiva o desinformación, que tiene que ver con el criterio de selección de las noticias y los temas de análisis, la información parcializada o recortada, y la carga de aire que se asigna, factores todos que *dirigen el pensamiento* de la población.

Lo que de inocente no tiene nada es la *inhibición de la crítica*, que también con una matriz de selección que se implanta en la ciudadanía, se consigue una clasificación de las temáticas que pueden criticarse y que no pueden criticarse, con modelos de *modo y grado de crítica* adecuada o permitida. Por caso, se ve con mucha frecuencia a los animadores o presentadores estrella enojarse mucho con los ladrones y los violadores y poco con los evasores fiscales y los funcionarios corruptos. Estos modernos sacerdotes van a decir que estos son los valores de la comunidad y la cultura, o que eso es lo que la gente quiere ver; pero no dicen que ellos son quienes día a día fabrican los valores y la cultura, ni que la gente también querría ver que ellos les muestren modos más elevados y más productivos de pensar y analizar las cosas. Los medios aplican el principio del beneficio: ellos saben qué es bueno para la comunidad y se lo imponen, la suya es una tarea humanitaria, filantrópica. Sería la democratización de la dominación.

Tan filantrópica que no descuidan a los sectores empobrecidos de la humanidad y se desvelan por ayudarlos. La defensa de los pobres es otro de los grandes negocios en los que abrevan: excepto Fracisco de Asís, nadie (ni la Madre Teresa) han perdido su dinero mezclándose con los pobres; por regla general, ocuparse a gran escala de ellos deja buenas ganancias, ganancias que luego no vuelven a los pobres...[13]

---

[13] Extracto de mi libro Metaperspectivas. Alegato humanista, psicologista, antimaterialista y sistémico (Cap. 11). Amazon Kindle https://www.amazon.com/dp/B01I7FP2K2

PENSAR ES RIDÍCULO

Desde el inicio de la Humanidad hasta hace dos o tres décadas, el pensar la vida se consideró la actividad y capacidad más importante del ser humano, y los cultores y propaladores de pensamiento fueron valorados y atendidos. Hoy, el pensamiento se compra hecho en los medios masivos de comunicación social, que consiguieron que el pensamiento individual haya pasado a ser una tarea estúpida y carente de sentido.

LA ESTUPIDEZ 'MIDÁTICA'

Vivimos una 'realidad mediática' que también podría llamarse 'midática', por el Rey Midas, que resucitó y está entre nosotros. Vive en los medios, confiriéndoles su habilidad de trocar en oro todo lo que tocan. En este caso no solamente objetos, que mediante la publicidad pintan como alhajas, sino personas y conductas. Cualquier mentecato inmoral e inservible aparece ahí como un dios del Olimpo; cualquier disparate lógico o chatura ética se ven como actos loables y dignos de emulación.

Cualquiera de nosotros, que observa las reglas, trabaja y cuida a su familia, y se interesa por lo que sucede en el mundo, es cien veces mejor que cualquiera de los que hacen lo que se ve en los medios, y sin embargo, estamos convencidos de que ocupamos un mísero lugar en la escala social. Nos devaluamos tanto, que haciendo el esfuerzo existencial de comportarse como se debe, admitimos en los grandes sitiales -donde uno de nosotros debería estar- a los fulleros, a los vagos, y a los que el único esfuerzo que hicieron fue el de generar y vender pavadas, porque lo único que pueden entender de la vida son la fama y el dinero.

EL CUARTO PODER

Captamos al poder político como parte de una escena central ubicada allá lejos, donde están colocados aquellos elementos que tenemos lejanos pero no podemos dejar de conocer. Y hay una escena central compartida que se inscribe en el imaginario colectivo. La escena central tiene que ser vista o imaginada por todos. En la aldea y en la ciudad primaria, la escena central tenía lugar en las calles, en la plaza, en el templo, en el teatro, en el cabildo: ahí cursaba lo que se hacía público, que era lo que alimentaba la *conciencia colectiva*, esto es la vida consciente del conjunto social, que viene a ser lo que todos sus individuos piensan en común.

Tanto la información a quienes no habían presenciado algún evento cuanto la de extramuros, circulaban mediante relatos cuya confiabilidad aparecía satisfactoria para la confección de una versión plausible. Cuando la ciudad fue más grande, ya todo eso no era suficientemente visible o asequible desde aquellos relatos, por cuanto la escena central fue perdiendo su calidad concreta y pasó a ser una construcción virtual cuyos detalles debían ser comunicados a todos. Todos debían ser informados de lo que sucede, y esta necesidad de información la cubrió *el periódico*. Pero el periódico no sólo informaba sino que construía la escena central según su propio criterio: surge la noción de noticia y el incipiente oficio de periodista, que se basa en la comunicación de las cosas que se entiende que no todos pueden conocer.

Además, el periódico es un ente privado que debe ser comercializado y para ello, tiene que ser interesante: no se informan todas las noticias, sino las que el periodista interpreta que van a captar el mayor interés de la gente. Pero también el periódico va a ser juzgado por el público y por lo tanto, tiene que informar lo que es importante para la comunidad: el periodista decide ciertos valores sociales. Y como la gente no sabe bien qué pensar acerca de lo que sucede, el periodista agrega la tarea de enseñar a pensar e incursiona en la formación de opinión pública. Es decir, un ala central del poder ideológico planteado como negocio de unos pocos, que además juegan una competencia comercial por los contenidos más vendedores. Y por añadidura, como constituyen un poder están forzosamente vinculados a los otros poderes.

Aquí diríase que es donde la realidad –la verdad- es sustituida por lo atrayente y nace la vida puesta como espectáculo, *la sociedad del espectáculo*. Esto del espectáculo ya estaba en las religiones, aunque no era constituyente de la sociedad como comenzó a serlo el periódico. Fue un show escrito en papel que más tarde adquirió componentes electrónicos que le dieron voz e imagen, para hacer que la vida deje de residir en la propia persona y la persona de los otros y vaya a colocarse en un afuera que nos tiene cada vez más capturados (alienación). Esto sería quizás válido si lo que se viese fuese la vida del conjunto, del organismo social conformado por todos (comunidad), y quedase a buen recaudo la vida de los individuos; pero tampoco es así: lo que se hace es suprimir la individualidad y sustituirla por una fábula de comunidad.

En la *sociedad liberal de derecho* (mal llamada democracia), el periodismo asumió el autoconferido rol de vigilancia del poder político, proponiéndose como el cuarto poder, es decir, el agente que mantendría al pueblo informado de lo que hacían sus representantes. Lo cierto es que terminó cooptado por la sociedad política para hacer lo inverso, pasarle al pueblo la información que determinaban sus representantes, porque éstos tenían más eficaces recursos (políticos y económicos) para conseguir eso que los que tenía el pueblo comprando el diario. Y los periodistas que quisieron negarse siempre pagaron con su fortuna o con su vida esa desobediencia. El cuarto poder es un poder, y todo poder tiene que estar en la sociedad política; el sistema regulador no puede estar mezclado con el sistema regulado.

El periodismo degradó la identidad individual para que se ajustase al nuevo fenómeno de la sociedad de masas, que fue la manera en que el capitalismo industrial organizó la explosión demográfica. La gente ya no podía ver todo lo público: tenía que vivir en comunidades que les sean relatadas, trabajar en fábricas en las que sólo conoce a sus mandos directos y vincularse con instituciones que no termina de entender. Podía ver sólo lo que se le mostraba, sabiendo que no se le mostraba todo.

El poder nos implanta áreas y maneras de pensamiento (mentalidad) desde las cuales pensaremos todo y fuera de los cuales rechazaremos todo. Plantea aquella visión simplificada del mundo para lograr pensamiento y control sobre todas las cosas que para él son importantes, minimizando y negando todas las demás. De este modo, aplica una reducción de la realidad que excluye muchísimas cosas de la vida de muchísima gente, mientras enaltece las poquísimas cosas que él coloca en las vidas de la poquísima gente que habita su escena central; habitantes que por otra parte, el mismo periodismo inventa e instala, porque también es creador y administrador de una de las mayores lacras de la época: la fama.

Es decir que lo que una persona cree y piensa no es producto de su subjetividad sino de una subjetividad causada por el poder imperante. El periodismo crea *una representación antojadiza* de una realidad que debería ser elaborada de una manera más extensa y participativa.

Ningún poder rige por sí mismo, sino que como parte de un sistema mayor, necesita un acuerdo del resto (aquiescencia). Quizás no el acuerdo en todo, pero hay un mínimo de equilibrio entre los sectores dominante y dominado sin el cual ni el peor déspota puede sostenerse. La sociedad política se preocupa por conquistar a la sociedad civil y apelando a la ambición de la gente, le da en principio lo que le agrada; luego y apoyándose en la otra gran pata de la comunicación social, la publicidad, hace que le agrade lo que le da.

Es requisito que todas las personas ambicionen o reverencien los elementos constitutivos del sistema social, que han ido variando con las épocas y en esta son dinero, poder, fama, placer, consumo, quizás como los principales. El periodismo se ocupa de sostener y actualizar este aspecto de la cultura por vía de mecanismos de seducción y coerción típicos de los elementos de control social no estatales. Logra que seamos conformistas en nuestra alienación y estemos conformes en nuestra identificación adorando semi-deidades, idolatrando deportistas, admirando a ricos, anhelando lujos y defendiendo eslóganes, aunque sea flagrantemente remota la probabilidad de que nos arrimemos a todo eso. Es el primer transmisor e inculcador de los valores del sistema, uno de los cuales es que aceptemos con agrado o al menos sin resistencia, que la verdadera realidad no es la que proveen nuestros sentidos, nuestra conciencia y nuestra inteligencia, sino la que nos desesperamos por obtener día a día en los medios de comunicación social.

Consigue además que el día que no accedemos a los medios no nos sintamos humanos, cuando de hecho son ellos quienes nos mantienen deshumanizados.[14]

---

[14] Extracto de mi libro Metaperspectivas. Alegato humanista, psicologista, antimaterialista y sistémico (Cap. 11). Amazon Kindle https://www.amazon.com/dp/B01I7FP2K2

GAME OF THRONES

Me dicen que tengo que mirar noticieros y leer diarios para estar informado. Pregunto de qué estaría informado y me dicen que de la realidad del país y del mundo, que no se puede estar sin saber qué pasa.

Entonces respondo que seguir a los periodistas no es informarse de la realidad sino de un show que ellos montan día a día, o sea, de una ficción de lo que pasa; un show armado con algunos elementos seleccionados de la realidad ensamblados y decorados con fines diferentes a la mera información. Vale decir, que sigo sin saber bien qué pasa.

Y cuando quiero saber de la realidad política, lo que voy a encontrar es el show que los políticos arman para los medios, que sobre ese van a montar el propio, o sea un doble show; así que tampoco voy a conocer qué pasa en la política.

Y agrego que para eso sigo Game of Thrones, que me muestra la realidad de la Edad Media pero ficcionada, con lo cual yo voy a estar informado de qué pasaba en el Medioevo, pero no voy a saber bien qué pasaba. Y también me muestra la política de aquella época, aunque como una parte más de la ficción del programa. La diferencia entre esta o cualquier otra serie o sitcom, es que con ella yo me informo a medias pero me divierto, en tanto con los periodistas no me informo y me hago mala sangre.

Y las actuaciones son horribles.

EL ÚNICO MUNDO POSIBLE

En uno de mis habituales posts en contra de la televisión, una amiga comenta:

"Bueno, vendo el televisor y me voy a vivir a la punta de una montaña."

Veamos qué significa esta conclusión que ella obtiene como la más inmediata:

Que no tiene mucho sentido negar la dependencia de la televisión.

Que sin ella no puede concebirse una vida civilizada.

Que prácticamente todo el estilo actual de vida está ligado a ella.

Que suprimirla es suprimir la actual sofisticación y verse forzado a una vida primitiva.

Que las relaciones con los demás pasan por la televisión.

Que la relación con el mundo deviene de la televisión.

Que la propia idea de sí mismo está ligada a la televisión.

Que ella no es capaz de reconocer un mundo propio recortado de la tele, o de autorizarse a tenerlo.

Que las personas no tienen la posibilidad de darse una vida satisfactoria fuera del área de influencia televisiva.

Resumiendo, que la tele hace la realidad que conocemos y cualquier cosa que se aparte de ella implica un serio retroceso.

Creemos y sentimos que la televisión nos muestra el mundo y nos mantiene conectados al mismo, y que ella es nuestro principal nexo con la realidad que no alcanzamos con nuestros ojos.

Pero también deberíamos tener la precaución adulta de pensar que como todo poder social, ella crea el mundo que quiere que conozcamos y nos mantiene conectados únicamente a ese, obligándonos a rechazar y temer los demás mundos posibles.

LO MEJOR DE LA VIDA

Las emociones que nos despierta la televisión están entre las mejores que podamos conocer. Son las emociones de la acción, y para nosotros, la acción es la vida.

En la vida de las personas tienen que pasar cosas: cuando no pasa nada es cuando estamos muertos, o muy enfermos, o sumidos en algo que toleramos muy poco, el aburrimiento. Tienen que pasar cosas, no importa si son buenas o malas, positivas o negativas, edificantes o demoledoras. Durante toda su historia, la Humanidad inventó cosas para que suceda algo, para pasar el tiempo, para sentirse activo, para no estar aburrido. Muchos hijos y muchos muertos surgieron de la inacción de las personas; muchos juegos y muchas guerras emergieron del aburrimiento de los reyes.

Hoy disponemos de acción garantizada, a gusto y sin riesgos, durante las 24 horas. Esto es lo que le hacía falta al mundo para que la vida pueda aspirar a ser algo realmente confortable, algo pletórico de cosas que suceden y con las que uno se nutre sin interrupción, y sin peligros, suciedad, conflictos o cualquier otro efecto adverso. Con las que uno puede llenar su tiempo y su vida, en lugar de estar buscando aventuras o rumiando problemas propios y ajenos.

Es lo más parecido a la felicidad que pudimos lograr hasta ahora.

LA MEJOR GENTE

Los de la farándula son la mejor gente, la más linda, la más conocida, la más confiable. Son nuestros amigos, porque están todo el tiempo con nosotros dándonos una buena vida y compartiendo nuestras cosas privadas e íntimas. Ellos nunca nos van a faltar en nuestras ensoñaciones o en nuestras flaquezas. En cada momento de soledad o desazón, estarán allí para acompañarlos, entretenernos, divertirnos.

Podemos contar con ellos porque son perfectamente conocidos y sabemos qué hará cada uno ante cada contingencia. A diferencia de los humanos corrientes, ellos, los humanos de la tele, no van a fallarnos ni plantearnos conflictos. Todos tienen buena onda, son totalmente estables, previsibles y la relación con ellos siempre será satisfactoria. Y son hermosos; todos ellos tienen la hermosura que sólo puede conferir la fama, el atractivo irresistible que sólo puede dar el verlos en las pantallas.

Cada persona que aparece en la televisión adquiere un rango especial, fuera de este mundo: un estatus de semidiós, y a partir de allí, nombrarlo o recordarlo nos llena de una emoción muy particular, muy intensa, la catexia de la fama.

Y es una de las mejores emociones que existe.

LA MATRIX

La saga Matrix es la mejor alegoría hecha hasta ahora acerca de los medios. Nos muestra cómo funciona la televisión en la sociedad en su misión de crear una realidad paralela, implantándola en cada sujeto. Cómo debemos estar todos conectados con ella a nivel inconsciente, y cómo cuando intentamos desconectarnos para tomar conciencia del mundo real, aparece la prohibición de hacerlo, los mecanismos de seguro, las amenazas de castigo y luego, la represión brutal, total: la descalificación.

Estar desconectado es estar loco, esquizofrénico, porque la realidad real pasa a tildarse de alucinación. Y además ser un peligro público, porque demuestra que es posible sobrevivir sin la conexión.

No existe la manera de que alguien se distancie del televisor: está ahí todo el tiempo, en cada rato de relax, en cada momento libre. Está en los lugares de trabajo y en los celulares. Y sus contenidos están presentes en cada minuto que pasamos sin mirarla. La tele es la vida.

Y no se concibe –o se admite, o se permite- una vida sin ella.

PROBLEMA EXISTENCIAL

Hace muchos años tengo un serio problema de la vida (recordemos que la tele es la vida y aunque yo no la tengo en mi casa, la veo todo el tiempo porque es parte del medio ambiente).

Lo que me sucede es que de tanto en tanto pretendo informarme de algún tema que me atrae, mediante una entrevista televisiva (o radial, es lo mismo) a un especialista. En esos casos, lo que quiero es beneficiarme de oír al especialista en toda su exposición, la ilación que utiliza en su desarrollo y el método que elige para su despliegue.

Pero nunca llego a lograrlo y en cambio me pongo nervioso (aunque no lo parezca, soy de ponerme nervioso) y descarto el intento mucho antes del final de la nota. Porque al lado del especialista siempre hay un/a imbécil (o varios) que reclaman toda la atención para sí y empiezan a interrumpirlo constantemente (siempre cuando está en lo más interesante, cuando termina preámbulos y va a los meollos que yo quiero captar). Estas intervenciones son o bien para completar lo que el entrevistado dice, porque ellos saben más que él, o para traducirlo a lenguaje imbécil, porque seguramente la manada de imbéciles que está viendo no puede entenderlo (no fuimos al colegio y jamás leímos un libro).

Entonces lo que yo y los demás imbéciles del público recibimos, no es el contenido del especialista sino el de la televisión, que todo lo adapta a su formato imbécil dirigido a los imbéciles que todavía pretendemos obtener algo de ella, y que para ello cuenta con un bien seleccionado y entrenado staff de imbéciles que conducen sus programas.

CONTROL ABSOLUTO

...podría decirse que la mayoría no está de acuerdo con la sociedad política y su expresión comunicacional. Sin embargo, también existe la certeza de restricción inapelable a las cosas como están, cosa que incluye el seguir conectado a los medios a pesar de cómo están. En otras palabras, todos renegamos de los medios pero no nos apartamos de ellos.

Se nos pone como individuos protagonistas de nuestra vida y del mundo, pero todo el tiempo deciden por nosotros y además, nos dicen que somos nosotros quienes tomamos las decisiones. Con las decisiones hay algo a tener en cuenta: lo que yo no decido lo decidirá otro, y si ese otro me dice que yo lo decidí, casi seguro es porque lo decidió él.[15]

---

[15] Extracto de mi libro Metaperspectivas. Alegato humanista, psicologista, antimaterialista y sistémico (Cap. 11). Amazon Kindle https://www.amazon.com/dp/B01I7FP2K2

LOS MEDIOS DE DOMINACIÓN

La principal herramienta de control social de los medios masivos de comunicación es *el espectáculo*. El espectáculo anida en nuestra natural curiosidad y se torna irresistible. No tenemos manera de evitar la atracción inmediata de cualquier cosa que esté sucediendo cerca, y menos aún si eso sucede en un adminículo destinado al efecto, los que en este momento están por todos lados. Sólo una intención de autocontrol o una habituación consolidada pueden hacer que alguien se abstenga de conectarse con la escena en cuestión, previo retener la reacción espontánea de contemplación. Al espectáculo se atiende por reflejo, no por decisión; la decisión puede operar en contra del reflejo y luego de éste.

Una característica es que *mueve a la acción*, indefectiblemente genera conducta. La conducta generada será como mínimo una emoción, y seguramente un pensamiento o un análisis. Si el espectáculo contiene modelos es mucho lo que mueve a la imitación, y si reside en un medio masivo es mucho más lo que moviliza porque tiene relevancia social, mucha gente lo está viendo y puede verse influida. Esta sola noción le da otra entidad y lo hace obligatorio, al tiempo que se genera catexia (reacción emocional de adhesión o rechazo) y por ende un salto a la conducta exterior, a los hechos. Estos hechos pueden ir de un simple intercambio de parecer con alguien, a una compra, un voto o una revolución.[16]

---

[16] Extracto de mi libro Metaperspectivas. Alegato humanista, psicologista, antimaterialista y sistémico (Cap. 11). Amazon Kindle
https://www.amazon.com/dp/B01I7FP2K2

EL GRAN MAGO

¿Cuál es el hechizo que hace que cada 4 años veamos lindo y bueno a uno de los integrantes de la inmensa lacra política que tenemos puesta encima y vayamos entusiasmados a votarlo, hechizo que aparece 3 meses antes de las elecciones y empieza a difuminarse 3 meses después?

La respuesta nos llega desde los años '60, cuando se hablaba de 'la magia de la televisión' (hoy se dice 'los medios'). Vale decir que no somos nosotros quienes creen en los políticos: es un perverso encanto pergeñado por un gran mago. Saber esto no nos soluciona mucho, pero al menos nos exime de semejante culpa.

PARTE CUATRO: LA GENTE

DIGNIDAD

Bienaventurados los que tienen alma de esclavos, porque podrán vivir adaptados al sistema.

El rebaño está conformado por la gente a quienes no les importa si su vida es controlada por otros con fines de su propio beneficio, a veces desmedido; sólo les importa el tener las cosas que ve que otros tienen o puedan tener y el hacer la vida que ve o imagina que los otros hacen. Son gente dispuesta a negociar su libertad a cambio de una dignidad material.

Pero existe otra gente a quienes sí les interesa no ser controlados, o al menos no de una manera que ellos no puedan conocer y limitar, y siempre queriendo saber quiénes los controlan, en qué aspectos y de qué modo. Se sienten incómodos con la idea de ser controlados y pueden prescindir de tener todas las cosas que ven si esto va a quitarles movilidad; son gente que valora su libertad. O lo que es lo mismo, su dignidad personal.

Libertad y dignidad no son términos que nosotros manejemos con frecuencia; los utilizan los políticos cuando nos mienten que las tenemos, y esto es solamente cuando nos están quitando una nueva porción de ellas.

LA MASA ESTÚPIDA

Excepciones aparte, la mayor parte de los contenidos del discurso de los políticos es simplón y fantástico, intelectualmente chato e infantilmente fabulatorio. Está basado en mentiras sofísticas y cuando dicen alguna verdad, la ponen en un lenguaje pueril. Es como si se dirigieran a chicos, pero se están dirigiendo a adultos. O sea que, según ellos, se dirigen a un conjunto de estúpidos.

Llama la atención –y esto ya sería un problema científico, sociológico quizás o psicosocial- que una suma de millones de individuos que definitivamente no son estúpidos, sean en conjunto, receptivos a que se los ponga en ese nivel, acepten alegremente conformar una enorme masa boba.

Cada uno de esos individuos tiene clara conciencia – sea cual fuere su rango social, laboral y educativo- de que se le está imponiendo una condición intelectual y personal inferior a lo que en realidad es. Y esto, no lo toleraría de nadie, excepto de lo que para él constituye un poder. ¿Estaremos demasiado acostumbrados a que el poder nos menoscabe, nos pisotee?

Si es en la empresa, lo admitimos –o soportamos- a cambio del dinero que nos permita desenvolver nuestra vida; hay roles laborales que no demandan esto, pero hay otros que sí lo requieren, y queda en cada uno ver qué hace al respecto, si lo toma o lo deja. Esto tiene sentido.

Pero si es en lo social, en la dinámica relacional que uno tiene con su comunidad, en el lugar individual que uno ocupa como persona, surge furiosa la pregunta:

¿Por qué no me molesta —o no me molesta mucho- que las empresas, comunicadores y políticos de quien soy el cliente, a quienes no sólo doy de comer, sino que comen mucho, muchísimo mejor que yo mismo y los millones de mis pares en la masa, me traten descaradamente como a un bobo, me asignen un lugar dentro de una masa que ellos consideran estúpida?

FORMAL E INFORMAL

En todo existe esta dualidad, que hace a las cosas estar estipuladas de una manera y realizarse de otra. Casi todas las cosas sociales están sujetas a una norma que dice el modo en que deben ser (formal) y paralelamente a una práctica habitual que las hace de otro modo (informal).

No obstante, hay ámbitos que por su importancia general no deben o debieran apartarse de lo formal, o al menos no mucho. Uno de ellos es el Derecho, del cual deriva el Estado y el Gobierno.

En el Tercer Mundo sin embargo, existe una gran preponderancia de lo informal en todos los ámbitos, absolutamente en todos. Lo formal se reconoce, pero lo informal es más atractivo y tiene mayor protagonismo en la realidad cotidiana. Esto hace por ejemplo, que una gran parte de la gente dé por sentado que los gobernantes roban y que el hecho de ser gobierno legitima esa práctica.

Para la mitad de la gente sería al menos aburrido estar ajustado a reglas y leyes todo el tiempo, cosa que no quieren ver en sus gobernantes porque de ser así, éstos se lo impondrían férreamente a todo el resto.

Es más relajado, más estimulante y más divertido tener gobernantes que hablen seriamente de lo formal mientras viven seriamente en lo informal. Es más lindo, más cómodo y más fácil tener gobernantes farandulescos que despierten afectos y pasiones, en lugar de rígidos y solemnes que presionen con las normas. Es mejor la ficción que la realidad.

El país va a funcionar igual, y la felicidad de un pueblo no se mide solamente por sus parámetros institucionales, máxime si el dinero más o menos alcanza para casi todos.

Porque a los ojos de muchos, a esa gente se les pudo haber ido un poco la mano, pero no hizo nada tan terrible como para que no se los vuelva a poner en el gobierno. Lo realmente terrible hubiese sido que se instalasen a trabajar seriamente en sus despachos, que hiciesen cumplir la ley a rajatabla, y sobre todo, que no anduviesen de show por todos lados queriéndonos y dejándose querer como si fueran nuestros amigos.

LA ESENCIA DE LA DEMOCRACIA

Al Poder no hay más que controlarlo, para que además de ser decente, trabaje de poder y de la manera que establece la ley.

Al Poder no hay más que pensarlo, para que sea como lo queremos. Para nosotros, querer es poder... y el Poder será según nuestro querer.

Sólo habrá la fuerza requerida para que control y pensamiento surtan efecto, si los llevamos adelante entre todos los que no somos poder y si lo hacemos sin la intención de llegar a ser poder; así lograremos conformar un contrapoder del llano capaz de pugnar por el tan acariciado equilibrio...[17]

---

[17] Tomado de mi libro ¿Cómo lo arreglamos? La policía: podemos cambiarla (254) Catálogos Editora, Buenos Aires, 1997.

CERDOS EN LA POLÍTICA

La fábula de los tres cerditos es la alegoría con que se enseña la previsión a los chicos: hay que hacerse la casa con ladrillos, sólida, para que ofrezca un futuro seguro ante las amenazas del mundo. Pero nuestra cultura capitalista les hace entender que la previsión es en lo material, en lo económico, y que las únicas amenazas reales son las que ponen eso en juego.

No se les explica, ni en la escuela ni en la familia, y mucho menos en los medios de comunicación social, que todo lo económico y todo lo que puedan tener, incluidos sus afectos, depende casi exclusivamente de una superestructura institucional encabezada por los gobiernos de turno, que hace base y bastidor de un país y que le da su lugar en la configuración mundial. No se les dice que la primera casa de ladrillos en que deben pensar es el Estado, que deben enfocar y construir como un palacio para toda su vida y la de sus hijos y nietos, y además preocuparse por saber colocar en él a la gente que mejor lo cuide y lo defienda.

Dejarse arrear cada dos años a votar las preferencias que les despiertan la propaganda o sus propias pasiones, no da ni para empezar en esto de hacer la casa política.

Es igual que usar paja o barro para construir lo que realmente importa.

NIVELAR HACIA ABAJO

Ese diagrama de obsecuencia al poderoso y deslealtad al igual, suscita temor al vecino, que es el par y de quien esperamos que no nos responda o que nos traicione. Envarados así para la comunicación genuina con el otro, nos replegamos en nosotros mismos y ofrecemos al poder la división que necesita para reinar. Presa así el sujeto de la indefensión propia de los totalitarismos, buscará urgente amparo en el único sitio donde cree poder hallarlo: el mismo poder. A buen puerto va por leña.

Es señal de salud mental aceptar la dominación cuando no queda otra opción; pero aceptarla de inmediato, sin reparos, o más aún, promoverla, es un autoatentado, un acto de violencia contra uno mismo. Forzarse al autodisciplinamiento necesario para convivir con una dominación arbitraria, es un acto masoquista y quien es capaz de autoviolentarse, consentirá que se violente a los otros.

Se acantona así el autoritarismo porque si se pretende que un ente controle las relaciones de millones de individualidades inconexas y los grupos e instituciones que de ese número resultan, la única forma posible es *nivelando hacia abajo*. Puesto así el poder como factor de integración, será cada vez más sobredimensionado y tiránico y nunca tendremos como individuos una pertenencia directa al conjunto, sino que nuestro nexo con los demás será indirecto, a través de él.[18]

---

[18] Tomado de mi libro ¿Cómo lo arreglamos? La policía: podemos cambiarla (52/53) Catálogos Editora, Buenos Aires, 1997.

EL CANTO DE SIRENA TOTALITARIO

Un cuidado muy especial a tener cuando se buscan cambios, es respecto de dejarse llevar por la tentación del totalitarismo. Es muy fácil caer allí y es adictivo: vale decir que casi siempre se torna un camino sin retorno. Una vez que fuimos, es muy difícil regresar.

El General Juan Domingo Perón[19] marcó desde 1945 un pasaje clave de la historia política de Argentina, y concitó numerosas y fuertes adhesiones que pervivieron a su derrocamiento. Fue un nato líder fascista.

Un fascismo no es una tiranía ni una dictadura, y puede guardar las formas de una república. Pero es una organización verticalista con movilización del pueblo dentro de un orden militarizado. Hay una militancia forzada por adoctrinamiento y un rechazo de plano a la oposición. Y hay un jefe que además del acatamiento pretende el amor del pueblo: en los totalitarismos, los líderes exigen que el pueblo los ame, y el pueblo les entrega su amor bajo la forma de fanatismo.

De esta forma se crearon un pueblo peronista y un pueblo no peronista. Un pueblo peronista fanático y cultor de la personalidad de su jefe, y un pueblo no peronista

---

[19] Juan Domingo Perón. Wikipedia. [en línea]
https://es.wikipedia.org/wiki/Juan_Domingo_Per%C3%B3n

abigarrado, que va desde el antiperonismo también fanático hasta el agnosticismo político.

El peronismo nació y echó sus bases como fascismo y nunca dejó de serlo, porque no podría existir de otra manera: su esencia es la lealtad a un mesías y la creencia ciega en un líder omnipotente que todo lo abarca y todo lo resuelve. Por más que quiera disfrazarse con ropaje demócrata, un peronista está forjado para idolatrar a su jefe, que es un jefe supremo que conoce el camino de la liberación. Pero ¿liberación de qué? En 1945 había una liberación que lograr... ¿cuál es la que hay que lograr hoy, la que había que lograr hace 20 años o hace 40? ¿A qué tierra prometida quieren que los lleve el supuesto mesías que siguen esperando como sustituto del primero?

El peronismo es, más que un hecho político, un hecho afectivo que se transmite de padres a hijos; el mismo Perón había previsto que esto comenzase ya en la cuna, al darle a la mujer el voto y una mayor participación de la mano de Evita. Esto constituye un procedimiento ideológico que la misma idea de república trata de erradicar. Empero, el peronismo no se lleva bien con la república, con su división de poderes y el relevo de gobernantes: si por el pueblo peronista fuese, un émulo o sosías de Perón debería gobernar de forma vitalicia y detentar la suma del poder público. Como eso no es posible, el pueblo peronista debe recurrir a representantes de Perón que sean capaces de recrear la liturgia y mantener encendida la llama sagrada del sentir, del sentimiento peronista. El peronismo es un sentimiento, es una pasión bien aprovechada y explotada por los que desde 1955 se titulan discípulos de Perón y desde 1974 comercian con su memoria. Perón hizo los cambios, pero fueron cambios que para seguir vigentes debían evolucionar junto con la Historia; sus sucesores congelaron esos cambios a la época en que fueron hechos, con lo cual no permitieron que el peronismo evolucionase y lo redujeron a una momia que exhiben y esgrimen para mantenerse vigentes y mantener vigentes en el pueblo peronista las viejas consignas con las cuales ellos nutren sus lugares.

El fascismo implica una militancia ligada a lo emocional, frente a lo republicano, que exige una actitud ciudadana vinculada con la reflexión, cosa que podía resultar demasiado formal y aburrida para un sector popular acostumbrado a lo simple y más proclive a la emoción que al pensamiento. Era más fácil y gratificante limitarse a seguir y festejar al jefe dentro de la obediencia vertical del movimiento.

En 1945 la militancia fascista fue la manera en que ese sector encontró su participación en política, cosa que podía también reputarse como movilización democrática. En estos días no puede ser así porque el fascismo ha sido definitivamente superado y descartado, y el sector popular tiene instrucción suficiente para insertarse en el rol de ciudadano. Ciudadano y militante no son la misma cosa: un ciudadano puede ser militante, pero lo militante ya no sustituye lo ciudadano. La política ya no puede vivirse desde el desaprensivo placer de la militancia, sino que requiere del trabajo intelectual emergente de la condición ciudadana.

De lo contrario, tendremos lo que tenemos: un partido que, pudiendo y debiendo corporizar el progresismo que le dio origen, no es más que un templo para canalizar los sentimientos del pueblo peronista, con sacerdotes y profetas que se ocupan del culto y no logran ni les importa consolidar una dirigencia saludable ni encaminarse a una gestión política eficaz para el país.

Aquí es donde hace agua la lógica del pueblo peronista: se supone que está conformado por una gran mayoría de trabajadores o pobres, a los que parece encantarles estar representados y liderados por un puñado de holgazanes enriquecidos a su costa. ¿Dónde está el sentido? ¿O acaso cree que las migajas que les dan son valiosas y meritorias? Lo que la dirigencia política tiene que dar hoy día en América Latina es una sola cosa, la misma que Perón pretendía: la salida de la vida empobrecida del Tercer Mundo. Y aquí eso no sucede porque el partido peronista, confirmado por un pueblo peronista que sigue añorando el pasado y disfruta vivir su quimera del eterno retorno, no permite que el arco político pueda organizarse mejor de lo que está y tomar algún rumbo mejor que el que tiene; puesto que el partido peronista, que es mayoritario y central, navega en círculos dentro del retraso y obliga a lo mismo al resto, que es su satélite. O sea, todo lo contrario de la Argentina potencia que Perón quería, todo lo contrario del político revolucionario que Perón era.

Pero la divagación totalitaria puede dar por tierra con toda lógica.

PARTE CINCO: PROPUESTAS

LA CONCENTRACIÓN DEL PODER POLÍTICO

Para que cualquier poder tolere algo diverso de él, tiene que ser obligado; la hipercentralización genera poderes muy grandes y paralelamente, desorganiza al resto porque se enseñorea un flujo centrípeto que sustrae energía y sustancia a lo externo para llevárselo a lo central: así, el resto no consigue una presión suficiente para obligar al poder a nada y queda a su entera merced.

Conste que estamos hablando de *masas y democracia conviviendo*; siendo ambas categorías incompatibles, negadoras una de la otra, deducimos que una de ellas no está sustancialmente presente, que está nada más su espectro. La democracia entendida etimológicamente, o sea, *el gobierno del pueblo*, requiere que haya un pueblo. Si la característica de la masa es que sus integrantes han abdicado de su individualidad, tendremos pueblo cuando logremos que las personas jamás pierdan del todo su individualidad, es decir, su conciencia de identidad. Aquí surge una cuestión cuantitativa: *un pueblo vivo, consciente*, no puede tener cualquier dimensión, no puede ser tan extenso que sus individuos pierdan el suficiente contacto entre sí y con su realidad común y, lo peor, sus posibilidades de expresión singular hacia el poder rector.

Para que un grupo humano funcione como pueblo en su relación con las instituciones, su realidad común tiene que limitarse. ¿Hasta dónde? Hasta que *el contacto entre los individuos* sea suficiente para que se palpe una identidad común. Hasta donde cada sujeto tenga cómo expresarse singularmente a oídos del poder. Claro que no se habla de achicar el país. El país tiene un Estado nacional y en lo que a él respecta, todos componemos un pueblo político al que se relaciona por los medios masivos de comunicación y las dependencias públicas y que se expresa con su voto y sus impuestos.

Si este esquema se circunscribe a ciertos aspectos generales de la política, los individuos tolerarán la pasividad y pequeñez que se les impone; pero si toda la vida política y cívica obedece al mismo patrón, la pequeñez se hace omnipresente y destruye la individualidad. De este modo, un Estado gigantista que concentra todo, reduce al pueblo a masa y sustenta instituciones y medios de comunicación esencialmente masificadores y deshumanizantes.

Hay que pensar por lo tanto al pueblo, no como una masa insuflada mágicamente de ciudadanía, sino como un conjunto dinámico de unidades menores pero autónomas, células. El pueblo no es un protoplasma que se expande indefinidamente, eso es la masa. Pero en aras de generar una situación de pueblo concomitante con una democracia sustancial y no delegativa o formal, es imprescindible *descentralizar todo lo que sea descentralizable*.[20]

[20] Tomado de mi libro ¿Cómo lo arreglamos? La policía: podemos cambiarla (173/175) Catálogos Editora, Buenos Aires, 1997.

DEMOCRACIA MENTIDA

Nuestra constitución, igual que todas las del mundo, instaura la democracia; pero como está hecha y sostenida por políticos, inmediatamente la desvirtúa y la impide: "El pueblo no delibera ni gobierna, sino a través de sus representantes. Los partidos políticos son instituciones fundamentales de la república." Con estos dos enunciados, da por tierra con el gobierno del pueblo y la libre participación de la gente, al determinar que *no gobierna el pueblo* sino una élite de representantes surgidos de estructuras cofrádicas. El pueblo sólo puede votar a unos u otros miembros de la misma élite, y peticionarles.

La política republicana fue pensada para que fuese en beneficio de todos, el negocio de muchos. Y el resultado de tanta ingeniería organizacional, es que funcionó como el negocio de unos pocos. Cualquier concepción política que salga de la democracia directa, degenera rápidamente en las formas disfuncionales de la democracia: demagogia, populismo, burocracia, partidocracia, plutocracia, cleptocracia, oligarquía, dictadura. La única idea política que presentó una alternativa a la ingeniería política del capitalismo, el comunismo, quiso implementar un sistema de democracia semidirecta a través de los soviets, y generó una burocracia draconiana (asesina) dueña de todo el poder y todo el dinero (capitalismo de Estado). El capitalismo sigue siendo la única forma conocida y viable de organización de la sociedad, y la república sigue como el único sistema político concomitante. Pero necesita algunos ajustes.

Los políticos están concebidos para pensar en los intereses de tres entidades coexistentes: la nación, el pueblo y el individuo. Pero por esta degeneración de la república en partidocracia, sólo piensan en función de otras tres cosas: la corporación partidaria, la competencia con la oposición y su propia persona. Esto, que es lisa y llanamente operar ajena y en muchos casos contrariamente a los intereses de la gente, es lo que los convierte en *transgresores de la república y expoliadores del pueblo*. Cosas que no pueden hacer sin quebrantar todo tipo de leyes y principios jurídicos, lo cual los hace básicamente criminales.

Por ello es que no está mal tildarlos genéricamente de meros delincuentes.

La única democracia posible es la directa, y su ingeniería de adaptación a conglomerados masivos todavía está por crearse. Pero no llamemos democracia a lo que hemos visto hasta ahora, porque definitivamente no lo es.

LA ÚNICA LIBERTAD POSIBLE

Para poder ser dueño de la propia vida y realmente sentirlo así, sólo hace falta la reflexión. Esto es la capacidad de pensar las cosas hasta un punto en el que se siente que la decisión a tomar fue madurada por uno mismo.

Que hubo un mínimo proceso de análisis, de comparación entre alternativas y de sustracción a influencias ajenas.

Que la decisión partió de los propios procesos mentales y de la propia independencia de criterio.

Que yo, mi yo, y no la identidad unificada de un grupo, fue lo que arribó a una opinión y a una decisión.

Y que mi decisión reúne suficientes elementos para hacerla original y personal.

En el ámbito social, si el nivel reflexivo de la gente no es bueno, no es suficiente, rigen los automatismos y las pasiones, la repetición inacabable de errores y de soluciones inservibles. Se puede elegir lo que gusta pero no lo que conviene, porque la pasión impide la reflexión.

Esto es lo que construye una sociedad deficiente y una política perversa. Es lo que erige poderes malsanos que perpetúan el error y la perversidad.

EL FEDERALISMO UNITARIO

La Constitución argentina impone un sistema político federal, pero se traiciona a sí misma cuando reza que los partidos políticos son instituciones fundamentales de la República. Los partidos en vez, sirvieron para instaurar y sostener un régimen unitario concentrado en la ciudad capital, entramado en una burocracia central a la cual pertenecen todas las dirigencias provinciales y que controló casi todas las intendencias departamentales.

Los partidos quieren que los votemos obligatoriamente porque saben que (con nuestro dinero) controlan a la masa que todos conformamos como pueblo de la República. Somos un pueblo que no vive una democracia sino un totalitarismo plutocrático basado en una burocracia de ricos o aspirantes a serlo a través de la política y en especial, de las continuas reediciones apócrifas del partido peronista.

El único protagonismo político es cuando nos arrastran a las urnas; nuestra única acción concreta es un voto que por ser compulsivo, es una participación viciada. Expresémonos allí, no yendo. Usemos la resistencia pacífica creada por el Mahatma Ghandi para marcar el fin del Imperio Británico y también, de la era del imperialismo militar: no atacar, no agredir, pero no hacer lo que el opresor quiere que hagamos.

El único sostén que tiene este sistema gubernamental es nuestro voto, basado en nuestra ignorancia; esto es, *lo que no sabemos, lo que nos prohíben saber, lo que se ocupan de no enseñarnos, y lo que sistemáticamente nos ocultan para que no lo sepamos.* Quitémoselo y dejémoslo sin alimento, sin sustancia. Que se desnutra y se derrumbe.

El país no va a derrumbarse porque el país no es -como los medios nos hacen creer- el sistema político ni depende de la clase política, es algo mucho más amplio y profundo, y tiene vida propia, la que los millones de nosotros y los miles de instituciones le insuflamos al existir en él. Los políticos no son más que ignorantes *dedicados a manejar lo que no conocen*; cada vez que deben tomar una decisión tienen que consultar al personal de carrera del área en cuestión para que los ponga al tanto, y terminan guiándose por lo que les diga alguno de ellos que sea de su confianza. Tal 'confianza' no proviene de la idoneidad de ese alguien sino de sus lazos personales con gente del partido, casi siempre fundados en cuestiones oscuras. La acción de los políticos no es imprescindible, ni siquiera necesaria para que el país continúe andando; en la coyuntura sólo hará falta una mínima presencia de factores de decisión que puede lograrse fácilmente a la sazón.

Tampoco va a quedar acéfalo ni iremos hacia el caos, como dijeron en 2002 y dirán siempre los comunicadores asociados al sistema (cuya tarea es reprimirnos y doblegarnos mediante el miedo). Al Estado no lo mueven estos fantoches políticos y mediáticos, sino los miles de funcionarios de carrera y empleados de planta que habitan los múltiples aparatos que atienden los asuntos operativos. Y pasado un breve tiempo, alguien va a hacerse cargo y serán políticos que ya conocemos.

Pero tendrán que hacerlo por fuera del actual esquema corporativo centralista y de cara a nosotros, que no somos esa masa uniforme dirigida desde Buenos Aires, sino un conjunto dinámico de individuos y grupos fragmentado federalmente por todo el territorio nacional.

Tendrán que encarar una reforma y suplicarnos que volvamos a sostener simbólicamente al Estado, pero esta vez va a ser de un modo más saludable, más legal, y que nos convenga más a nosotros.

Ya no va ser a su modo, sino al nuestro.

EMPEZAR A DESCENTRALIZAR

Una de las cosas que permanentemente hacemos es la generación constante de nuevos poderes. Vivimos en una cultura de cultivo de poderes, originando nuevas criaturas monstruosas que se comen nuestras vidas individuales. Que se cobran la subjetividad a cambio de la pertenencia. Generamos un poder cuando *ponemos una atención inusitada* en ciertas personas o sectores. Nos debatimos en esta fiebre de buscar o inventar personas más grandes que yo para idolatrar y seguir, cuando todavía no pude reconocer toda la dimensión de mi propia humanidad y seguirme a mí mismo.

Descentralizar implica una fuerza centrífuga que tiende a *desconcentrar el poder* y a transferirlo al individuo periférico. Es relativizar la conexión con lo central y volver hacia lo local, pensar menos en el orden vertical y atender más a lo que está a la par. El summum de la centralización es la burocracia, y descentralización no es lo mismo que burocracia descentralizada. Es diluir y flexibilizar lo burocrático.

Las relaciones horizontales requieren de la confianza, que a su vez parte del conocimiento que cada sujeto pueda tener del otro, de su funcionamiento y de sus deseos e intenciones. De lo contrario, seguiremos con este tipo de relaciones impostadas donde prima la desconfianza, donde el otro es visto malintencionado y siempre dispuesto a perjudicarme, y con quien no puedo celebrar acuerdos porque siempre estará presto a traicionarme. En cambio con los poderes sí puedo pactar porque como son relaciones mayormente comerciales –política incluida- gozo del respeto debido al cliente. La condición de cliente parece verse hoy como más segura que la de ciudadano o la de vecino.[21]

---

[21] Extracto de mi libro Metaperspectivas. Alegato humanista, psicologista, antimaterialista y sistémico (Cap. 18). Amazon Kindle
https://www.amazon.com/dp/B01I7FP2K2

NO SER CÓMPLICE

"Un pueblo que elige corruptos no es víctima, es cómplice."

Sólo hay una forma de no elegirlos... No yendo a votarlos.

Y que, como en casi todo el mundo civilizado, el voto deje de ser obligatorio. Porque son esos mismos corruptos -todos ellos, todos los partidos- los que nos obligan a votarlos para legitimarse en el poder.

Y nosotros seguimos obedeciéndolos, porque la víctima casi siempre tiene un grado de complicidad en su propia victimización.

Hay que ponerse a elaborar un nuevo sistema de representación con democracia semidirecta (asambleas locales y plan de carrera política) y que el pueblo reforme la Constitución para eliminar los partidos y su nefasta consecuencia, la clase política.

Que en vez de este carnaval corporativo haya un cuerpo de *servidores públicos profesionales* que se presenten a elecciones individualmente y para cargos específicos.

Y que luego rindan cuentas de lo que hayan hecho mal.

Basta de caudillos, basta de empresarios, basta de reyes y basta de hampones en las cúpulas estatales.

EL FINAL DE LOS PARTIDOS POLÍTICOS

Si caducó la pluralidad de ideas políticas aplicables al gobierno y fue sustituida por un pensamiento único capitalista, lo que se está eligiendo entonces son personas para gobernar. Y si en la elección de ideas los partidos fueron esenciales porque cada cual contenía y fomentaba una en particular, en la selección de personas son fatales porque proponen listas corporativas labradas a puertas cerradas y billeteras abiertas. Billeteras que luego pagan la publicidad para que veamos lindos y eficaces a burócratas codiciosos que compiten en pos de sus ambiciones inconfesables.

Si lo que otrora se trataba de elegir era la mejor idea de gobierno, hoy se trata de elegir a las mejores personas para el gobierno, y los partidos sólo pueden ofrecernos listas cada vez más largas de las peores: ricos o aspirantes a eso, famosos o aspirantes, poderosos o aspirantes, es decir, consolidados y perennes egoístas divorciados de la realidad común.

Los partidos tienen que desaparecer para que podamos elegir a las personas por sus méritos y no por sus alianzas y enjuagues. No debemos elegir listas de desconocidos sino individuos que puedan presentar una trayectoria reconocible por un cierto número de ciudadanos que los vieron actuar. No debemos elegir figuras virtuales de la publicidad sino personas físicas que hayan hecho y demostrado experiencia valedera en la gestión política.

Para esto, hay que empezar a mirar lo local, lo vecinal y distrital, donde las personas se conocen por su cercanía física y no por la distante abstracción de los medios de comunicación social, que nos acostumbraron a la deletérea noción de que *cualquiera que salga en una foto es de por sí bueno y confiable.*

REPÚBLICA ANTICUADA

La república es un sistema de gobierno instaurado hace dos siglos, en un contexto mundial que tenía muy poco que ver con el presente. No obstante, sigue siendo válido porque en medio del actual capitalismo de masas, propone participación y controles que podrían ser eficaces. El problema es que ya no lo son: la república debe ser actualizada.

Su primera –y aún vigente- versión pretendía la democracia a través de la representación asegurada por los partidos. Pero hay que conceder que ni bien sus teóricos terminaron de desarrollarla hace poco más de un siglo, empezó a cambiar todo el contexto para el que fuera pensada, al estallar la sociedad de masas. Y la evolución del mundo hacia una sociedad de masas ultratecnificada, ultrasofisticó al capital, que no tuvo demasiada resistencia para adueñarse de la política y por ende, del Estado. Hoy, el Estado no es capaz de oponerse al dinero, cuando la noción de república suponía que iba a acotarlo, a resistirlo.

Entonces, la democracia pasó a ser una virtualidad, una fantasía; como la Libertad, la Igualdad, la Fraternidad y luego los Derechos Humanos, quedó en larva, en desiderátum que difícilmente vaya a ser cristalizado. La república pasó a ser una burocracia sustentada en partidos que no son más que asociaciones ilícitas por medio de las cuales todo tipo de rapaces encuentran garantía para montar sus actividades con fines de todo tipo de rapiña.

Cuando los partidos políticos estaban para nutrir de gobernantes al Estado, para servirlo, eran instituciones fundamentales de la república. Hoy, están para promover diferentes bandas de gerentes colaboracionistas que van a facilitar que el capital se haga cada vez más dueño del Estado, se sirva de él.

Los partidos tienen que ser eliminados. La república también tiene que sofisticarse, la representación debe encontrar otra ingeniería. El pueblo debe darse otros carriles para ser representado, hallar nuevas maneras de buscar esa democracia tan huidiza.

Porque hoy día *la república dejó de ser sinónimo de democracia*.

LA CARRERA POLÍTICA

Es un sistema capitalista, o sea, basado y organizado en la propiedad. El patrimonio es en principio, el mayor clasificador social. Esto hace que los que más tienen, al mismo tiempo detenten el mayor poder. El principal problema que plantea el capitalismo es la distribución, es limitar a los ricos-poderosos. Para eso fue concebida la política republicana, para hacer que los ricos no abusen del poder, no tengan demasiado poder político y no se adueñen del Estado. Las burguesías manejan los países como a sus empresas: tienen a la gente trabajando para ellos y dándoles lo menos posible. Esto, que es legítimo para una empresa, no lo es para un país.

Si los ricos están en la política, si los políticos son ricos o socios o empleados de ellos, no tenemos república porque los ricos no controlan a los ricos, o los controlan como cofrades (cómplices). Los ricos pueden ser controlados únicamente por no ricos: por quienes no tienen riqueza ni la desean, por personas cuyos valores no pasan por la acumulación de patrimonio. Esta es la esencia del sistema republicano de gobierno.

Por otra parte, tenemos una constitución que instaura los tres poderes del Estado que integran una República, pero es inespecífica en cuanto a la conformación de cada

166

uno. Esto fue llenado por leyes a la sazón pero por regla general, queda librado a la discrecionalidad de la cúpula de cada poder. Como toda la gente que toma las decisiones en el Estado proviene de los partidos, lo que tenemos es un Estado hecho a la medida de las *estructuras totalitarias conservadoras e inmovilistas* de los partidos, vicios que contagian directamente a los esquemas estatales.

La superestructura decisional del Estado no es un esquema profesional funcional a los intereses de la Nación, sino una supraburocracia partidaria funcional a los intereses de los jefes de los partidos. Esto, que se viene contemplando por todo el mundo, se ha visto en su mayor eficacia teratogénica en la Unión Soviética. Teratogenia que también se aprecia clara en el Tercer Mundo, donde la corrupción inmanente de la sociedad no permite oponer las limitaciones que se dan en el mundo desarrollado.

Asume un gobierno y trae a sus adláteres para los altos cargos: muchos de ellos jamás actuaron en el Estado, y luego de 3 años de sobrevolar su cartera porque están más dedicados al partido, se postulan para presidente (en teoría, el presidente sería alguien con antecedentes un poco más completos que su pertenencia a una banda). Cada vez se habilitan más puestos políticos en las reparticiones públicas, algunos de rango y eficacia ínfimos y algunos que sólo adornan, para acomodar a los amigos y los hijos, sobrinos y amigos de los amigos, con ingresos (salarios y acceso a sobornos) varias veces superiores a los de empleados que hacen el trabajo. Si bien por tradición aceptamos el 'roba pero hace', faltaría que también hagan...

Infestado de holgazanes que ocupan puestos de dirección y firman contratos con proveedores, y de bobeznos que calientan sillas de supervisión y almuerzan en restaurantes inaccesibles para el personal de planta, el Estado nos somete a una estructura burocrática exorbitantemente grande que demanda una cantidad exorbitante de dinero público, para que luego venga a decirnos que no pueden hacer las cosas de todos los días o que no pueden hacerlas en suficiente medida. Si precisamente el Estado está pensado para que pueda con todo lo necesario y para eso se lo dota de todos los medios necesarios, medios que por otra parte él mismo decide y toma de nosotros.

Para pensar en sanear este desmadre, es menester suprimir los partidos y pensar en un semillero de 'funcionarios políticos'. Y va entrecomillado porque sería una nueva raza: *funcionarios* porque hacen un trabajo

bajo obligación, y *políticos* porque son cargos electivos renovables, como corresponde al sistema republicano. Y por supuesto, es algo que también tiene que llegar al Poder Legislativo, hoy principal reservorio del vicio partidario.

Siendo un régimen federal, la cámara de senadores tiene que continuar siendo una representación federal, pero de representantes de las provincias en vez de los partidos. Los senadores tienen que responder a su provincia en forma exclusiva, sin la distorsión que supone la estructura unitaria (antifederal) de los partidos.

Empero, no hace falta que los diputados también representen porciones territoriales de la nación, porque para eso ya están los senadores. Los diputados podrían representar porciones técnicas del país, las porciones del conocimiento que hoy residen en las comisiones que se arman para investigar temas referidos a proyectos de ley o control de los otros poderes. Comisiones que hasta ahora siguen siendo estrictamente políticas, actuando en función de la recolección de votos de los partidos y gastando dinero y favores en consultas técnicas.

Los diputados, al labrar las leyes y controlar los actos de gobierno y justicia, planifican las características generales de la sociedad y tienen que ser personalidades con un altísimo conocimiento de los hechos y la práctica de la política relativa a lo cotidiano, y no a las aspiraciones electoralistas de sus jefes. Las tropas de obsecuentes levantamanos a que estamos habituados distan diametralmente de esto que se propone.

En aras de su reemplazo saludable y de una cosecha de candidatos idóneos e independientes para el Ejecutivo, hay que mirar a los municipios, a las dependencias estatales periféricas (FFSS, hospitales y otras), y a las ONG localistas (no las falsas pertenecientes al poder político); en suma, a las figuras locales que conocemos en nuestros distritos o que gente común como nosotros vio actuar en los suyos. Estos profesionales de 'la política concreta' que trabajan en el día a día para mejorar las cosas administrando el dinero público –muchas veces escaso- en un empeño que se ve, se comprueba con los propios sentidos, quedan en las antípodas de los fulleros de la 'política abstracta' que sólo se ven en los medios y trabajan para su corporación partidaria empeñándose en seguir abrevando del poder central, despilfarrando cada día una fortuna del dinero público –siempre inagotable- en la gestión de sus propios intereses invisibles.

Para que la sociedad pueda realmente aprovecharlos en toda su capacidad, bastaría con la creación de una carrera política basada en un escalafón abierto administrado con métodos de valoración plebiscitaria y los resortes conducentes a sus candidaturas a las posiciones provinciales y nacionales. Entonces, tendríamos profesionales donde hoy sólo tenemos oportunistas.

O la mejor gente donde hoy tenemos a la peor.

Escalafón significa una estructura de preeminencia fundada en antecedentes; abierto, que cualquiera que reúna antecedentes suficientes puede incorporarse. Valoración plebiscitaria sería la confirmación de una posición escalafonaria por parte de la población que vio actuar al aspirante. Tendrían que hallarse maneras reglamentadas para lograr el acceso a las postulaciones, y luego por supuesto las elecciones de rigor para los puestos políticos. Y también tendría que haber una gran ampliación de la cantidad de puestos electivos, a fin de evitarse designaciones voluntaristas en lugares que por su importancia operativa o estratégica requieran de un alto grado de compromiso con la población más que con la estructura estatal; siendo ésta también una forma de evitar que un político electivo se rodee de adictos para adquirir un poder que no deba tener.

Lo que esto implica es que cada funcionario, del rango que fuere, va a estar prácticamente solo. No tendrá amigos alrededor, no tendrá camarilla, y no tendrá una estructura partidaria que avale sus deseos. Estará únicamente para hacer su trabajo y exigir y controlar que los demás hagan el propio; no tendrá más poder ni posibilidades que aquellas que el ejercicio de su autoridad requiera. Todos los avales, amparos, defensas y apoyos que pueda necesitar le serán provistos por el sistema institucional a tenor de su eficacia en el cargo.

Esto, que para un funcionario estatal de carrera es su condición normal y habitual, para un político es atroz. Mejor así: optará por huir y dejar paso a los profesionales que vayan a encarar el desafío de una tarea pública: *habremos entonces dividido al máximo el poder político*, evitándonos definitivamente a aquellos que solamente saben vivir zambullidos en las componendas de una caterva partidaria.

EL COMISARIO ELECTIVO

A modo de ilustración del título anterior y salvando las lógicas distancias, va un esbozo metodológico para la elección de comisarios de policía en la Provincia de Buenos Aires, delineado en un libro de mi autoría a propósito de reformas policiales. No consiste en una sugerencia concreta sino en una aproximación que clarifique un poco lo dicho:

Comisario y subcomisario deberán poseer una antigüedad como residentes en el partido actual o pasada; tanto ellos como el resto del personal están contemplados en el art. 54 de la Carta Magna de 1994: "Todo funcionario o empleado de la Provincia, cuya residencia no esté regida por esta Constitución, deberá tener su domicilio real en el partido donde ejerza."

El comisario será un cargo semielectivo, por parte de la comunidad expresada a través del esquema que luego veremos; habrá una terna propuesta por la Institución extraída de entre el personal con su carrera en condiciones de postularse, o sea, agentes con rango mínimo de subcomisario y profesionistas en Derecho o por ejemplo, Sociología, Antropología, Psicología. El subcomisario será un cargo designado por la Institución pero con acuerdo del comisario electo y la comunidad, y tendrá que estar licenciado en Ciencias Penales o avanzado en las otras especialidades indicadas recién. Sus mandatos podrían caducar a los dos años, ser o no renovables y renunciar en cualquier momento.[22]

---

[22] Tomado de mi libro ¿Cómo lo arreglamos? La policía: podemos cambiarla (216) Catálogos Editora, Buenos Aires, 1997.

DEMOCRACIA FUERTE

"No debemos permitir que la libertad humana sea recluida en los abismos de la soledad privada, sino que florezca en las asambleas ruidosas, donde mujeres y hombres se perciban diariamente como ciudadanos y descubran en el discurso del otro el consuelo de una humanidad compartida".[23]

[23] Barber, Benjamin. Democracia fuerte. Política participativa para una nueva época. [Ed. Almuzara, España, 2004]

LOS ALCALDES DEBERÍAN DIRIGIR EL MUNDO

Conferencia del politógolo estadounidense <u>Benjamin Barber</u> en TED (extracto)

"La democracia está en problemas, no hay dudas de eso... Vivimos en un Siglo XXI de interdependencia, de brutales problemas interdependientes, y cuando buscamos soluciones en política y democracia, nos encontramos con instituciones diseñadas hace 400 años... esta asimetría entre los desafíos del Siglo XXI y las arcaicas y cada vez más disfuncionales instituciones como el Estado-nación...

Mi sugestión es que cambiemos el enfoque, que dejemos de hablar de naciones, de estados con fronteras, y empecemos a hablar de ciudades... estaríamos hablando de las instituciones políticas en las cuales civilización y cultura nacieron. Hablamos de la cuna de la democracia... del punto de encuentro donde nos hemos reunido para crear la democracia... espacios públicos donde nos proclamamos ciudadanos, participantes, gente con el derecho de escribir nuestras propias historias... Son nuestra casa. Muy distinto que los estados-nación, que son abstracciones. Pagamos impuestos, votamos ocasionalmente, y miramos a los hombres y mujeres que elegimos, gobernar sin nosotros...

Aristóteles dijo que el hombre es un animal político. Yo digo que es un animal urbano. Somos una especie urbana, afincada en nuestras ciudades... Si el dilema es que tenemos anticuados estados-nación incapaces de gobernar el mundo, de responder a los desafíos globales, quizás sea tiempo de que los alcaldes dirijan el mundo, que ellos y los ciudadanos que representan se involucren en el gobierno global....

Cuando me dije 'si los alcaldes dirigieran el mundo', se me ocurrió que ya lo están haciendo. Hay veintenas de instituciones internacionales, interlocales, transfronterizas, redes de ciudades que ya están trabajando juntas en asuntos de cambio climático, seguridad, inmigración, todos esos difíciles problemas interdependientes que afrontamos... tenemos que entender por qué las ciudades son especiales, por qué los alcaldes son tan diferentes de los presidentes y primeros ministros; mi premisa es que un alcalde y un primer ministro están en los opuestos del espectro político. Para ser un presidente, hay que tener una ideología, un discurso, hay que tener una teoría de cómo funcionan las cosas, hay que pertenecer a un partido. Pero los alcaldes son pragmáticos, son resolutivos. Su trabajo es tener las cosas hechas y si no, no son idóneos. El alcalde Nutter, de Filadelfia, dijo que allí jamás funcionarían con lo que hay en Washington, la parálisis, el estancamiento, la inacción. Porque los baches deben ser tapados, los trenes tienen que correr, los chicos tienen que poder ir a la escuela... conseguir resultados... tienen que poner ideología, religión y etnia a un costado, y *tener las cosas hechas. Y no hay una manera de izquierda o una de derecha de hacerlo...*

Otra cosa de los alcaldes, es que son vecinos, son del barrio. Son conocidos. Ed Koch andaba por Nueva York preguntando si estaba haciendo las cosas bien. Podía hacer eso porque conocía a los neoyorquinos y ellos lo conocían a él. Un senador puede postularse por otro estado, pero es difícil que un alcalde pueda hacer algo así. Como resultado de eso, los alcaldes, concejales y funcionarios locales tienen un mucho más alto nivel de confianza que las autoridades políticas nacionales. Esta diferencia tiene que ver con el carácter de las ciudades en sí mismas, que son profundamente multiculturales, abiertas, participativas, democráticas, capaces de trabajar con otras...

El trasfondo de todo esto es que aún vivimos políticamente en un mundo de confines, de fronteras, de muros, un mundo donde los estados se rehúsan a actuar juntos. Aún cuando sabemos que la realidad que vivimos día a día es la de un mundo sin confines, un mundo de enfermedades sin fronteras y médicos sin fronteras, de economía y tecnología sin fronteras, de educación sin fronteras, de terrorismo y guerra sin fronteras. Ese es el mundo real, y a menos que hallemos un modo de globalizar la democracia o democratizar la globalidad, no sólo nos arriesgaremos cada vez más a fracasar en todos esos problemas transnacionales, sino que nos arriesgaremos a perder la democracia en sí misma, atrapada en el viejo molde de *un estado-nación incapaz de encarar democráticamente los problemas globales...*

La ruta de la democracia global no pasa por los estados. Pasa por las ciudades. La democracia nació en la antigua 'polis', y creo que puede renacer en la cosmópolis global. En ese viaje de polis a cosmópolis, podemos redescubrir el poder de la democracia a un nivel global. Podemos crear no una liga de naciones, que fracasó, sino una liga de ciudades, no una Naciones Desunidas sino una Ciudades Unidas del Mundo. Podemos crear un parlamento mundial de alcaldes. Esa es mi concepción del mundo por venir, pero además está sobre la mesa de municipios en Seul, Corea, Amsterdam, Hamburgo, en Nueva York. Los alcaldes están considerando esa idea que a mí me encanta, porque un parlamento de alcaldes es uno de ciudadanos, y un parlamento de ciudadanos es uno de nosotros, de usted y yo.

Estoy listo para lanzarme a abrazar una nueva democracia global. ¿Lo están ustedes?"[24]

---

[24] Barber, Benjamin. Por qué los alcaldes deberían gobernar el mundo (conferencia, 2013) [en línea]
https://www.ted.com/talks/benjamin_barber_why_mayors_should_rule_the_world?language=es#t-118460

UN EJEMPLO VÁLIDO

Como no peronista, tengo que reconocer que lo que aconteció el 17 de Octubre de 1945 fue el mayor punto de inflexión do la sociedad argentina, y como una excepción en nuestros cambios sociales positivos, fue generado desde la política. Fue un hecho social, porque fue la entronización de un auténtico líder social que vino a instalar una genuina revolución, la Revolución Justicialista.

Fue en principio un cambio generado por el Ejército, que posibilitó su gestación en medio de su búsqueda de un panorama político y social mejor que el que había, compromiso que las Fuerzas Armadas tomaban entonces en serio y para eso daban los golpes de Estado. El Ejército puso al oficial Perón[25], sin duda el hombre más inteligente que podía encontrar, a recorrer Europa en busca de ideas y modelos, y Perón cumplió: trajo lo que había allá en cuanto a progresos en justicia social, que eran esos nuevos totalitarismos atenuados electivos llamados fascismos. Diseñó una versión autóctona y la propuso a sus camaradas militares, que la aceptaron como manera de enfrentar los imperialismos

---

[25] Juan Domingo Perón. Wikipedia. [en línea]
https://es.wikipedia.org/wiki/Juan_Domingo_Per%C3%B3n

estadounidense y británico que tenían domesticada a la dirigencia política local.

Perón se convirtió en aquello que la época imponía para tener éxito en la política: un líder fascista, para lo cual no le faltaba sino que le sobraba paño. Era un jefe vocacional, un animal de poder, un autócrata nato que no tuvo mucha dificultad en colocar en el centro de la escena su extraordinaria e irrepetible personalidad, animado entonces por la mejor intención de rescatar al pueblo trabajador de un abandono injusto.

Y lo consiguió: utilizando su puesto en el gobierno militar, logró hacerse entender por el pueblo subsumido y convertirse en su líder por encima de ese gobierno, con el cual la revolución no iba a tener el perfil y los tiempos necesarios. Fue finalmente presidente resultante de elecciones y llevó a cabo los cambios que se había propuesto y que había prometido a su pueblo.

Llevó a cabo los cambios. Originó una política de oportunidades e inclusión y un contexto institucional igualitario *del cual nunca luego se retrocedió*, aún luego de su derrocamiento. Los cambios que él hizo quedaron para siempre, o sea, *estuvieron bien hechos*.

Yo se lo agradezco porque creo que eso es lo que debe hacer un político y que *para eso se es político*; y lo admiro además por su vocación y capacidad revolucionarias. Cada tanto tiene que haber una revolución, y para eso, primero tiene que haber quienes puedan hacerlas.

Los que hoy se dicen políticos deberían, además de nombrarlo y nombrar calles con él, aprender esas cosas de él. Claro que tiene que darles el perfil para eso, y ahí no hay uno que pueda llegarle a los talones.

Empero aquí hay en realidad dos ejemplos: el ejemplo del político, inimaginable en estos días; y el ejemplo del pueblo, siempre factible, siempre latente, *siempre esperando el momento*.